Ich hab' dich niemals lächeln sehen …

Ich hab' dich niemals lächeln sehen …

SILVIA MEIXNER

ICH HAB' DICH NIEMALS LÄCHELN SEHEN ...

DIE SUCHE NACH LEBENSSPUREN MEINER TANTE ROSALIA GRAF,

DIE VON DEN NATIONALSOZIALISTEN HINGERICHTET WURDE

Bibliografische Information der Deutschen Nationalbibliothek:
Die Deutsche Nationalbibliothek verzeichnet diese Publikation in der
deutschen Nationalbibliografie; detaillierte biografische Daten
sind im Internet über dnb.dnb.de abrufbar.

Satz, Umschlaggestaltung, Herstellung und Verlag:
BoD – Books on Demand, Norderstedt

ISBN: 978-3-7597-3483-9

INHALT

VORWORT

Lange Zeit ahnte ich nichts von der Existenz von Rosalia und Johann Graf. Ein Teil meiner Familie wusste von den hingerichteten Verwandten, ein Teil nicht. Die, die davon Kenntnis hatten, dachten, dass alle es wussten. Die, die nichts davon ahnten, kamen nicht auf die Idee, zu fragen, ob jemand in der Familie hingerichtet worden war.

Und so schlummerte Rosalia Grafs Geschichte, jahrzehntelang.

Als ich davon hörte, dass sie und ihr Mann Johann im Zweiten Weltkrieg im Widerstand gewesen und von den Nationalsozialisten hingerichtet worden waren, war ich zuerst überrascht, danach fasste ich einen Entschluss: Ich wollte Rosalia Grafs Geschichte aufschreiben, recherchieren, was nach so vielen Jahren von ihrem Leben noch da war. Ich wusste, wenn ich es nicht tun würde, würde es niemand machen. Und meine Tante und mein Onkel würden noch mehr vergessen werden als sie es ohnehin schon waren. Also nahm ich, fast 80 Jahre nach den grausamen Ereignissen, die Spurensuche auf.

Und stellte mir bald schon die Frage: Kann man jemanden vermissen, von dessen Existenz man so lange nichts wusste? Heute weiß ich: Ja, das ist möglich. Mit jedem Schritt des Suchens kamen mir Tante Rosalia und Onkel Johann ein bisschen näher. Ich besuchte ihre Grabstätte auf dem Wiener Zentralfriedhof, ich recherchierte in Archiven, las Bücher – zum Beispiel über Henker, weil ich verstehen wollte, was Menschen dazu treibt, andere mit dem Fallbeil zu töten – sprach mit Experten und Zeitzeugen.

Ich stand vor dem imposanten Wohnhaus der Grafs in Wien, empfand im Wiener Landesgericht, wo sie hingerichtet wurden, tiefe Traurigkeit und spürte Zuversicht, als ich an ihren Grabstätten auf dem Wiener Zentralfriedhof stand. Mit dem Gefühl des Vermissens stellte sich auch ein weiteres Gefühl ein: Stolz. Je mehr kleine Details ich aus ihren Leben erfuhr, desto klarer wurde mir: Rosalia und Johann Graf waren nicht irgendwelche Verwandte, sie waren Menschen mit Haltung und Mut, wie man sie nur selten findet.

Und auch ihre Mitstreiter waren Menschen, die mir Mut machen. Sie sind der Beweis, dass es während der Zeit der Nationalsozialisten nicht nur Mörder, Mitläufer und Verräter gegeben hatte, sondern auch Mitstreiter, Freunde, mit denen die beiden im Tode nach langer Zeit wiedervereint wurden. Käthe Sasso, eine gemeinsame Kämpferin, sammelte nach dem Krieg die Gebeine ihrer Freunde zusammen und kämpfte für deren würdige Bestattung. Das war nicht einfach in einem Land, in dem viele die Geschichte der Nationalsozialisten unter den Teppich kehren wollten. Weil viele, wie man in Wien sagt, »Dreck am Stecken« hatten und ihre eigene Vergangenheit am liebsten nicht hinterfragen wollten. Möge ihr Gewissen diese Arbeit erledigt haben.

Von Rosalia Graf gibt es nur noch drei Fotos: Ein Fotograf der »STAPO Leitstelle Wien« hat sie aufgenommen. Es sind die Fotos, die nach ihrer Verhaftung gemacht wurden. Eines zeigt Rosalia Grafs Gesicht von vorne, eines ihr Profil, eines ihr Halbprofil. Natürlich lächelt sie nicht, niemand würde das in dieser Situation tun. Sie blickt ernst in die Kamera und während meiner Recherchen hatte ich ihr Bild auf meinem Schreibtisch stehen und habe mich oft gefragt, wie wohl ihr Lächeln gewesen war. Aus dieser Frage entstand der Titel dieses Buches.

In Breitenbrunn, Rosalia Grafs Geburtsort, traf ich einen 99-jährigen Mann. Er konnte sich zwar nicht an Rosalia Graf erinnern, er hatte sie in diesem kleinen Ort erstaunlicherweise nie getroffen. Das lag daran, wie wir im Gespräch herausfanden, dass er eine Generation älter war und einige Jahre im Krieg an der russischen Front kämpfen musste. Als er schließlich in die Heimat zurückkehrte, war Tante Rosalia, geborene Moser, längst hingerichtet.

Der 99-Jährige stellte traurig fest, dass die Menschen nichts aus der Geschichte lernen würden, verglich seine Zeit im Krieg mit dem heutigen Krieg in der Ukraine. Er erzählte mir von seinem Hunger, der ihn jeden Tag und jede Nacht begleitete. In seinem Gesicht stand absolute Traurigkeit und ich konnte den Hunger nachempfinden. Nicht den Hunger, den wir haben, wir Menschen hierzulande haben im 21. Jahrhundert bestenfalls Appetit.

Der 99-Jährige gab mir einen guten Rat in Sachen Älterwerden: »Bleiben Sie immer in Bewegung. Ich bewege mich, jeden Tag!« Natürlich turnt er nicht mehr durch die Gegend, aber er macht täglich mit Hilfe seines Rollators einen Spaziergang, bewegt Muskeln und Geist. Vielleicht ist das das Geheimnis des Menschseins: Bewegung, für Geist und Körper. Niemals nachlassen, immer nachfragen. Das habe ich getan. Hier sind die Antworten.

Wien/Berlin, im Juni 2024

KAPITEL 1

LETZTE RUHE, SPÄTE RUHE

Der Rasen ist vermoost, dicht gewachsen und sehr, sehr weich. Wie ein kostbarer Teppich, in dem ganz langsam die Schuhe versinken und den man kaum zu betreten wagt. Innehalten. Es ist ein tröstlicher Ort, an dem die Seele ihren Frieden finden kann. Dafür haben Menschen Friedhöfe geschaffen: Hier nehmen wir weinend Abschied und kehren wieder, um die tröstliche Erinnerung an die Verstorbenen aufleben zu lassen.

Plötzlich tauchen drei Rehe auf, die flink zwischen den Gräbern umherspringen. Kaum erblickt man sie, sind sie auch schon wieder weg, weiter gehüpft auf ihrem Streifzug über den Friedhof. Es ist, für wenige Sekunden, eine friedliche Szenerie.

Die grausame, brutale Vergangenheit kann sie nicht übertünchen. Hier, in ihrer Heimatstadt, ruht Rosalia Graf. Zentralfriedhof, Gruppe 40, Reihe 21. Allerbeste Lage, was für Wiener, denen man eine besondere Beziehung zum Tod nachsagt, nicht ganz unwichtig ist. Auf dem Wiener Zentralfriedhof liegen mehr Menschen begraben als in der Zwei-Millionen-Einwohner-Stadt leben. Mit 300.000 Gräbern ist er nach Hamburg Ohlsdorf der zweitgrößte Friedhof Europas. Drei Millionen Menschen, darunter viele Touristen, besuchen diesen Ort jedes Jahr. Es gibt einen Souvenirshop, ein Museum und für Menschen, die hungrig werden, eine Konditorei. Die Wiener wissen: Süßes macht Freude, wenn der

Mensch glücklich ist, es ist aber auch gut gegen Traurigkeit und Melancholie. Mit einem Punschkrapferl oder einer Kardinalschnitte im Bauch lassen sich Probleme leichter aushalten und vielleicht sogar Lösungen finden. Das war schon immer so.

DIE GRUPPE 40

Die »Gruppe 40«, ein Teil des Zentralfriedhofs, quasi eine Abteilung, bietet eine interessante Mischung. Rund tausend Menschen, Künstler, Musiker, Politiker, wurden in Ehrengräbern der Stadt Wien beerdigt. Einer davon ist der Popsänger Falco (1957-1998), bürgerlicher Name Johann Hölzel. Falcos letzte Ruhestätte ist eines der meistbesuchten Gräber auf diesem Friedhof. Im Jahr 1986 war Falco der erste Österreicher, der die amerikanische Hitparade eroberte. Mit »Rock me Amadeus« war er vier Wochen an der Spitze der US-Charts. Er starb am 6. Februar 1988 bei einem Autounfall in der Dominikanischen Republik. Auf eine hölzerne Parkbank neben dem Grab hat jemand »Falco lebt« geschrieben. Ein stummer Protest gegen den Tod.

Jeden Tag kommen viele Besucher an Falcos Grab. Sie gedenken seiner, plaudern mit anderen Menschen, die die letzte Ruhestätte dieses begnadeten Künstlers aufsuchen. Den gegenüberliegenden Ehrenhain hingegen besuchen nur wenige. Kaum einen Grabstein zieren frische Blumen. Die Namen der Menschen, die hier ihre letzte Ruhestätte gefunden haben, scheinen weitgehend vergessen.

Ich habe Tante Rosalia nicht gekannt; ich vermisse sie trotzdem.

Ich stehe am Grab von Rosalia Graf. Sie gehört zu jenen, die wohl weitgehend vergessen sind. Ich bin hier, weil ich möchte, dass ihr Name und die Namen ihrer politischen Mitstreiter den Menschen in Erinnerung bleiben. Ich möchte jedes Fitzelchen an Information, das im 21. Jahrhundert noch existiert und an sie erinnert, zusammentragen und im Rahmen dieses Multimedia-Projekts in Wort, Film und Foto sammeln und interessierten Menschen zur Verfügung stellen. Es ist ein kleines Puzzlestück der Geschichtsaufarbeitung im großen Wahnsinn des Nazi-Regimes. Der Name Adolf Hitler lässt auch heute noch, so viele Jahrzehnte nach seinen Gräueltaten, Menschen in aller Welt erschauern. Die Namen von Rosalia und Johann Graf und ihren friedlichen Mitstreitern hingegen waren zu ihren Lebzeiten unbekannt und sind es nach dem Zweiten Weltkrieg auch geblieben.

Den Großteil meines Lebens habe auch ich Rosalia Grafs Namen nicht gekannt. Sie ist meine Tante, war die Cousine meiner Großmutter. Hätte sie den Zweiten Weltkrieg überlebt, hätte ich sie als Kind als ältere Tante kennengelernt, die bestimmt oft zu Kaffee und Kuchen gekommen wäre und die wir zu Weihnachten eingeladen hätten. Oder wir wären raus zu ihr in den 15. Bezirk gefahren, wenn sie noch im John-Hof gewohnt hätte. Ihr Mann, Onkel Johann, wäre als ehemaliger Bediensteter der Stadt Wien dann längst schon in Pension gewesen. Sie hätten, in den 1970er-Jahren, so möchte ich es mir gern vorstellen, ein friedliches und gemütliches Leben geführt. Es ist schön, Rentner in Wien zu sein. Die Stadt ist wunderbar, es gibt viele Möglichkeiten, seine Freizeit zu verbringen.

Vielleicht hätten die beiden Ausflüge in den nahen Park von Schloss Schönbrunn unternommen, an besonderen Tagen wären sie in den 1. Bezirk gefahren und hätten sich vielleicht im Café Landtmann oder beim Demel einen Kaffee und etwas Süßes gegönnt. Das tun Wiener seit langer Zeit, es sind besondere Orte der Stadt, die man mit etwas Besonderem verknüpft. Beim Demel kauft man nicht jeden Tag ein, manchmal reicht es schon, die Phantasie zu beflügeln, wenn man die phantasievollen Tortenkreationen im Vorübergehen im Schaufenster bewundert. Aber an manchen Tagen darf es dann ein Demel-Besuch oder der Kauf der kandierten Veilchen sein, die Kaiserin Sisi angeblich so gerne genascht hat.

Vielleicht wäre Tante Rosalia mit mir in den Park oder in den Tiergarten gegangen, sie hätte mir ein Eis gekauft – all die schönen, kleinen Dinge, die Tanten mit ihren Nichten überall auf der Welt machen.

Es sind so viele Gedanken, die durch meinen Kopf rasen, als ich auf dem weichen, moosigen Rasen stehe. Normalerweise erinnere ich mich, wenn ich an Gräber stehe, an die Menschen, die ich kannte und vermisse. Ich denke an schöne Erlebnisse, daran, was ich von diesen Menschen lernen durfte. Manchmal denkt man auch an Trauriges und beschließt, zu vergeben oder es zumindest zu versuchen. Ich habe Tante Rosalia nicht gekannt. Ich vermisse sie trotzdem. Ich habe ihr und ihrem Mann zwei Rosen mitgebracht: ein weiße und eine orangefarbene.

Ich denke mir: Ihr habt einen schönen Platz, zumindest im Tod. Und ihr seid als Ehepaar wieder vereint. Ich denke in Dankbarkeit an die Zeitzeugin Käthe Sasso, die mit viel Kraft und Ausdauer dafür gesorgt hat, dass es diese letzte Ruhestätte gibt.

Es tut weh, zu sehen, dass fast all diese Menschen am selben Tag gestorben sind. Sie waren nicht krank, sie sind keinem Unglück zum Opfer gefallen. Die Todesursache, die sie eint, heißt Mut. Auf der einen Seite. Auf der anderen Seite war da die Vernichtungswut der Nazis. Wenn es nicht so traurig wäre, könnte man fast darüber lachen: Adolf Hitler hat meine Tante Rosalia gefürchtet. So sehr gefürchtet, dass er sie ermorden ließ.

All diese Toten hier sind aufgestanden gegen das Hitler-Regime, haben deutlich ihre Meinung zum Ausdruck gebracht und gegen die Nazis protestiert. Einige von ihnen sind quasi Seite an Seite gestorben, am 21. Juni 1944 wurden die Häftlinge im heutigen Wiener Landesgericht für Strafsachen im 5-Minuten-Rhythmus hingerichtet.

Du, Tante Rosalia zuerst.

Danach Dein Mann. Das weiß ich, weil ich die Gerichtsakten, die erhalten geblieben sind, gelesen habe.

Vermutlich haben die beiden Eheleute einander noch gesehen. Ein Gespräch wird nicht möglich gewesen sein. Jeder der beiden wusste, dass das Leben in wenigen Minuten vorüber sein würde. Ihr Todesurteil kannten Tante Rosalia und Onkel Johann seit langem. Es gab keinen Weg, dem zu entrinnen.

Ich stehe auf dem weichen Rasen und versuche, mir das auszumalen. Ihr Tod, der Tod ihrer Mitstreiter, war so sinnlos.

Über mir donnert ein Flugzeug vorbei und reißt mich aus meinen dunklen Gedanken.

Ich atme tief durch und versuche, mir die schönen Seiten in Rosalias Leben auszumalen, die es sicherlich gab. Wie sie fröhlich mit ihrem Mann zum Tanzen gegangen ist, mit Freundinnen Kaffee getrunken hat, mit einem Nachbarn im Garten des John-Hofs, wo sie wohnte, geplaudert hat. Wie ihr ihre Freundin und politische Mitstreiterin Emilie Tolnay die Haare gemacht hat, wie sie sich am Sonntag gemeinsam zu Kaffee und Kuchen trafen. Im Tod sind sie wieder vereint, die Grabsteine der beiden Frauen liegen nahe beieinander. Ich verlasse den Friedhof, ein bisschen getröstet. Hier, liebe Tante Rosalia, an der Seite deines Mannes und deiner Freunde, lässt es sich in Frieden ruhen.

KAPITEL 2

WIKIPEDIA: EIN LEBEN IN KURZEN SÄTZEN

Als ich mit den Recherchen für dieses Buch und den Kurzfilm begann, stellte ich zu meinem Erstaunen fest, dass Rosalia Graf einen kurzen Wikipedia-Eintag hat. Verfasst von freundlichen Menschen, die sich im Rahmen von Geschichtsprojekten wohl mit ihr und ihrem Schicksal befasst hatten.

Einige wenige Ereignisse ihres Lebens kann man online nachlesen: »Rosalia Graf geb. Moser (geboren am 1. Juni 1897 in Breitenbrunn am Neusiedler See; gestorben am 21. Juni 1944 in Wien) war eine österreichische Hilfsarbeiterin, Hausgehilfin und Widerstandskämpferin gegen den Nationalsozialismus. Sie wurde von der NS-Justiz gemeinsam mit ihrem Ehemann Johann Graf zum Tode verurteilt und im Wiener Landesgericht mit dem Fallbeil hingerichtet.«

Im Absatz »Leben« berichtet Wikipedia: »Rosalia Graf wurde als Tochter von Elisabeth Moser und des Landwirts Mathias Moser geboren. Nach dem Besuch der Pflichtschule arbeitete sie als Hausgehilfin in Wien und Ungarn, in der Folge auch als Hilfsarbeiterin.

1930 heiratet sie den Wiener Johann Graf, einen Gemeindebediensteten. Das Ehepaar gehörte vor 1934 der SPÖ an. Laut Anklageschrift beteiligte sich Rosalia Graf in der Wohnung des befreundeten Ehepaares Anton und Emilie Tolnay an politischen

Diskussionen, die sich insbesondere nach Ausbruch des Krieges mit der Sowjetunion »verschärft« haben sollen. Auch sollen diese Gespräche eindeutig »kommunistische Färbung« angenommen haben.

Rosalia Graf nahm der Folge auch ihren Mann zu diesen Besprechungen mit. Im Juni 1941 erklärten Rosalia und Johann Graf ihren Beitritt zur KPÖ. Als Zeichen der Solidarität stellten sie auch ihre Wohnung als Unterkunft für Mitglieder des Zentralkomitees der KPÖ und für Funktionärstreffen zur Verfügung. In der Nacht zum 1. Mai 1942 beteiligte sich das Ehepaar an einer Flugblattaktion.«

Es war diese Flugblattaktion, die das Ende des Widerstands der Grafs und ihrer Mitstreiter bedeutete. Ich habe ihren Inhalt später auch in den Gerichtsakten gefunden: »Mit großem Geschrei kündigt Hitler eine neue Offensive an, Das bedeutet neue Blutopfer für unsere Jugend. Das bedeutet aber auch neue Opfer, neues Elend für uns Arbeiter und Arbeiterinnen. Arbeiter und Arbeiterinnen! Denkt stets an dieses Blutvergießen. Kämpft mit uns gegen Hitler! Er allein ist der Mörder unserer Jugend. Sabotiert Hitlers Kriegsmaschinerie, wo ihr nur könnt! Arbeitet so langsam wie nur möglich! Jedes Stück mehr verlängert den Krieg!« (Originaltext der Flugblätter)

Im Wikipedia-Eintrag kann man auch über die Festnahme der Eheleute Graf am 15. Juli 1942 lesen, wegen des »Verdachts auf Vorbereitung zum Hochverrat.« *Und weiter:* »Rosalia und Johann Graf wurden am 15. Juli 1942 wegen des »Verdachts auf Vorbereitung zum Hochverrat« festgenommen, von der Gestapo Wien erkennungsdienstlich erfasst, fotografiert und verhört.

Am 22. Dezember 1943 folgte die Anklage des Oberreichsanwalts beim Volksgerichtshof.

Am 14. April 1944 wurden Therese Dworak, Johann Graf, Rosalia Graf und Emilie Tolnay vom Volksgerichtshof Wien wegen ›Vorbereitung zum Hochverrat und Feindbegünstigung‹ zum Tode verurteilt, Anton Tolnay zu zehn Jahren Zuchthaus.

Am 21. Juni 1944 wurden Johann und Rosalia Graf zum Schafott geführt und binnen weniger Minuten mit dem Fallbeil hingerichtet. Gemeinsam mit ihnen wurden an diesem Tag im Wiener Landesgericht vierzehn weitere Widerstandskämpfer von der NS-Justiz ermordet, darunter die Mitangeklagte Therese Dworak (Aus: »Rosalia Graf«- Wikipedia-Eintrag).

Ich las den Wikipedia-Text mit gemischten Gefühlen. Wie die meisten von uns google ich zuweilen Menschen, deren Lebensgeschichte mich interessiert. Zum einen fand ich es tröstlich, dass man sie online nicht ganz vergessen hatte. Zum anderen dachte ich mir, dass ihr Leben so viel mehr war als ein kurzer Wikipedia-Eintrag. Während des Lesens entstand die Idee, dass Tante Rosalia eine eigene Website bekommen sollte.

KAPITEL 3

INTERVIEW MIT KÄTHE SASSO: GESPRÄCH MIT EINER UNBEUGSAMEN

Im Zusammenhang mit Rosalia Graf finde ich online den Namen Käthe Sasso. Sie ist seit vielen Jahren eine wichtige und bewegende Zeitzeugin, die in Österreich immer wieder ihre Lebensgeschichte erzählt hat, mit Menschen jeden Alters über ihre grausamen Erfahrungen während des Zweiten Weltkriegs spricht. Als ich sie an einem Herbstnachmittag anrufe, ist sie freundlich und spontan bereit, mit mir über ihre Lebenserfahrungen zu sprechen. Ich frage sie, was ihr der Name Rosalia Graf sagt und bedeutet. Katharina »Käthe« Sasso erzählt: »Ich habe Rosalia Graf gekannt, sie ein paar Mal in Wien getroffen. Wir haben uns, noch in Freiheit, durch unsere politische Arbeit kennengelernt.« Private Gespräche waren, so sagt Sasso, unter Widerstandskämpfern meist tabu – man wollte einander nichts erzählen, womit der andere, etwa in einem Verhör nach der Verhaftung oder in einem unbedachten Augenblick, sich oder andere Mitstreiter in Gefahr hätte bringen können. Denn wer unter Haftbedingungen von Vernehmern unter Druck gesetzt wird, läuft Gefahr, unter Angst Dinge zu erzählen, die man lieber für sich behalten hätte.

»Je weniger man über sein Gegenüber wusste, desto besser und sicherer war es für alle Beteiligten«, sagt die 1926 Geborene.

Wichtig war allein, dass man für die gemeinsame Sache kämpfte, zuverlässig war und schweigen konnte. Das mag einfach und für viele »selbstverständlich« klingen, doch dieser moralische Dreiklang des Widerstands war unter den Bedingungen einer Diktatur eine Herausforderung.

Rosalia Graf und Käthe Sasso gehörten zur Widerstandsgruppe um den Freiheitskämpfer Gustav Adolf Neustadl. »Wir waren rund 400 Leute«, sagt Käthe Sasso. Sie wurde im Burgenland geboren und kam aus einer politischen Familie, Politik sei bei ihr zu Hause immer ein Thema gewesen. »Meine Eltern waren immer politisch aktiv, schon zu Zeiten des Ständestaates 1934.« Ihre Eltern erklärten dem Mädchen die Situation in seinem Heimatland Österreich, sie erzählten dem Kind von ihren Eindrücken und ihren Plänen. Dadurch habe sie schon als kleines Mädchen gewusst, »was Hitler bedeuten wird«. Sie erinnert sich: »Ich habe schon als Kind gegen den Faschismus gekämpft. Zu uns in Wien sind viele Burgenländer gekommen, wir waren eine große Gruppe im Widerstand.«

MAN MUSSTE IMMER AUF DER HUT SEIN

Käthe Sasso erzählt: »Ich bin durch meine Eltern zum Widerstand gekommen. Meine Mutter hatte im Rahmen ihrer politischen Arbeit zum Beispiel Kleidung für Mitkämpfer gesammelt. Im Jahr 1942, ich war 16 Jahre alt, starb meine Mutter. Mein Vater musste schon 1941 zum Militär. Ich habe weitergemacht, ich hatte das volle Vertrauen der Gruppenmitglieder.« So wurde der Widerstand für das junge Mädchen auch ein bisschen etwas wie eine Ersatzfamilie, ein Ort, an dem sie Menschen traf, denen sie vertraute – und die ihr vertrauten.

In der Gruppe herrschte Zusammenhalt, aber man musste auch

immer auf der Hut sein: Die Gestapo versuchte permanent, Spitzel einzuschleusen. Man musste sich also ständig fragen: War der Neue so freundlich, weil er ein freundlicher Mensch war – oder war er freundlich, weil er sich so das Vertrauen der Gruppe erschleichen wollte? War die Neue so neugierig, weil sie ein neugieriger Mensch war – oder war sie so neugierig, weil sie ihren Mitstreitern Geheimnisse und Pläne entlocken wollte?

Am Ende gelang es der Gestapo, einen Spitzel in der Gruppe zu etablieren. Dies wurde Käthe Sasso zum Verhängnis. Alois Lawra denunzierte die Mitglieder, die junge Frau wurde im August 1942, ebenso wie Neustadl und viele andere Mitglieder der Widerstandsgruppe, verhaftet. »Ich war minderjährig, deshalb konnte mir nicht der Prozess gemacht werden. Aber ich wurde inhaftiert.« Nach und nach bekam sie mit, wer ihrer Mitstreiter ebenfalls im Landesgericht Wien in Haft war. »Ich war in der Jugendzelle oben, die anderen in einem unteren Stockwerk. Irgendwann habe ich erfahren, dass auch die Grafs da waren.«

KÖPFLER, DIE NICHTS MIT DEM SCHWIMMBAD ZU TUN HABEN

Als Käthe Sasso am Telefon zum ersten Mal den Begriff »Köpfler« erwähnt, bin ich irritiert. Ich kenne ihn nur aus dem Schwimmbad. Im Dritten Reich sollte er eine andere, neue Bedeutung bekommen: Käthe Sasso bezeichnet so jene Menschen, die geköpft wurden. Sie verwendet dieses Wort, als wäre es das Normalste der Welt, zum »Köpfler« zu werden. Sie meint es natürlich nicht böse oder abwertend, es ist eine Erinnerung, so wurden die Menschen eben genannt, die verurteilt waren und auf den Tod warteten.

Sie schildert, wie ein letzter Tag im Leben eines Häftlings

ausgesehen hat: »Sie sind in der Früh aus der Zelle geholt worden, dann durften sie noch ein paar Zeilen an Angehörige oder Freunde schreiben. Abends wurden sie in dann Abständen von ein bis zwei Minuten hingerichtet.«

Ich frage mich: Was schreibt man in einem Brief, von dem man weiß, dass es der letzte sein wird? Wie nimmt man Abschied? Was schreibt man, was wird plötzlich wichtig, was unwichtig? Wie bekämpft man die Angst, wenn man weiß, dass einem nur noch wenige Stunden bleiben? Welche Gedanken begleiten dich, wenn Du weißt, dass dein Mann, deine Frau nur wenige Meter entfernt von dir im selben Gefängnis sitzt und dass auch er, sie am Abend sterben wird? Und dass ihr euch niemals wiedersehen werdet? Dass ihr euch von euren Freunde, eurer Familie nicht verabschieden dürft? Die meisten Angehörigen haben erst nach dem Tod vom Vollzug der Hinrichtung erfahren; Augenzeugen waren nicht erwünscht.

Auch Rosalia und Johann Graf haben diesen letzten Tag in ihrem Leben bewusst erlebt. Ihre Namen stehen heute auf den großen Tafel im Landesgericht Wien. Es sind schwarze Buchstaben auf goldenen Tafeln, alphabetisch sortiert nach den Jahren ihres Todes. Was wurde aus dem Spitzel Alois Lawra, möchte ich von Käthe Sasso wissen. Er bekam, so erzählt sie, nach dem Zweiten Weltkrieg eine geringe Strafe und starb später. Er hat, so die Widerstandskämpferin, mindestens 400 Todesurteile auf seinem Gewissen.

ZU FUSS NACH DER KZ-HAFT VON BRANDENBURG NACH WIEN

Und wie ging das Leben von Käthe Sasso weiter? Sie blieb zunächst in Wien in Haft, erinnert sich im Gespräch: »Ich wurde schließlich nach Berlin transportiert und kam in eine Zelle am Alexanderplatz. Mein Name war auch in Berlin sehr bekannt, da ich seit mehr als zwei Jahren eingesperrt war.« Von dort aus ging es in das KZ Ravensbrück: »Viele Österreicherinnen wurden dort inhaftiert.«

Im KZ Ravensbrück im heutigen Bundesland Brandenburg, 80 Kilometer nördlich von Berlin gelegen, waren von 1939 bis 1945 über 140.000 Frauen, Männer und Kinder eingesperrt. Das Frauen-KZ war eines der größten des NS-Regimes, Frauen aus 20 Nationen wurden hier festgehalten. Unter den Frauen waren sogenannte »Politische« und »Asoziale«, Jüdinnen, Sinti und Roma, und Zeugen Jehovas. Das KZ wurde am 23. April 1945 befreit.

Käthe Sasso erlebte den grauenhaften KZ-Alltag, machte sich und anderen Mut, versuchte, wie so viele andere, irgendwie zu überleben. Im April 1945 musste sie, gemeinsam mit anderen Häftlingen und geschwächt von der langen Haft, den Todesmarsch Richtung KZ Bergen-Belsen antreten.

Sie hatte kaum noch Kräfte, doch ihr Lebenswille war ungebrochen. In der ersten Nacht gelang ihr mit ihrer Freundin Mizzi Bosch die Flucht, beide hatten nur ein Ziel: Sie wollten zurück nach Wien.

»Ich bin schließlich zu Fuß nach Hause gekommen«, erzählt sie. Sie sagt es mit einer Selbstverständlichkeit, als handelte es sich um eine ganz normale Wanderung, wie wir sie heute, im 21. Jahrhundert, kennen.

Ich bin schockiert, versuche mir vorzustellen, was für eine körperliche Herausforderung das gewesen sein muss. Die Entfernung Ravensbrück-Wien beträgt rund 750 Kilometer. Wir jammern schon, wenn der Bus ausfällt oder das Auto in die Werkstatt muss. Zwei unerschrockene Frauen haben es geschafft, zu Fuß von Brandenburg nach Wien zu laufen, nach monatelanger, kräftezehrender und seelisch zermürbender Haft.

DIE GRÄBER MEINER FREUNDE

In Wien war Käthe Sasso erneut Ablehnung ausgesetzt; nun war sie eine Überlebende, der man – wie auch anderen Opfern – mitunter mitteilte, dass sie die Geschehnisse schließlich überlebt habe, alles also nicht ganz so schlimm gewesen sein konnte.

»Ich saß nach dem langen Marsch in Wien in einer Straßenbahn und hatte, weil ich kein Geld hatte, keinen Fahrschein«, erinnert sie sich. Der Kontrolleur war unerbittlich: »Er sagte, dass ich aussteigen müsse. Ich erklärte ihm, dass ich gerade aus dem Konzentrationslager käme und sehr erschöpft sei – es war ihm egal. Ich musste zu Fuß weitergehen.«

Die Gedanken an ihre Freunde und politischen Mitstreiter waren immer bei ihr. Sie wollte jene, die noch lebten, wiedersehen – und jenen, die ermordet worden waren, würdige letzte Ruhestätten errichten. Denn das Nazi-Regime war mit den Leichnamen der Hingerichteten nicht zimperlich umgegangen, hatte sie einfach irgendwo verscharrt. »Einer meiner ersten Wege, nachdem ich nach Österreich zurückkehrte, war, die Gräber meiner ermordeten Freunde zu suchen«, erinnert sich Käthe Sasso, »das Grab der Grafs war mit Unkraut überwuchert und mit Gerümpel voll gestellt.« Viele Leichen der Hingerichteten steckte man einfach in ein großes Loch, erzählt sie. Sie war entsetzt. »Ich bin ins Burgenland zur Landesregierung gefahren und habe gefragt, ob man da etwas machen könne.«

Man hätte gekonnt, die Frage war damals vielmehr, ob man etwas machen wollte. Ob man es politisch wollte. Es hätte schließlich Fragen nach den Tätern aufwerfen können und deshalb unterblieb es für lange Zeit. Unermüdlich hielt Käthe Sasso an ihrer Idee fest, dass die im Widerstand hingerichteten Menschen zumindest im Tod würdevoll behandelt werden sollten. Jahrzehntelang kämpfte sie für friedliche Orte, an denen man ihrer gedenken konnte.

Ich werde Käthe Sasso immer dankbar für das sein, was sie für meine Tante und meinen Onkel und für viele weitere Opfer des Nationalsozialismus getan hat. Am Telefon erzählte sie detailliert, was sie erlebt hat. Und wie der Drang nach Gerechtigkeit und ihre Beharrlichkeit schließlich zum Ziel führten. Den Ehrenhain für die hingerichteten Widerstandskämpfer am Wiener Zentralfriedhof verdanken wir der unermüdlichen Arbeit Käthe Sassos. Die als Hochverräter von den Nationalsozialisten hingerichteten Menschen hatten nach dem 2. Weltkrieg plötzlich einen erstaunlichen politischen »Wert«:

»Es ist gelungen, aufgrund der Menschen, die auf dem Schafott waren, zu beweisen, dass Österreich nicht nur Täter, sondern auch Opfer war«, sagte Käthe Sasso im Interview. »Ich habe 70 Jahre gekämpft, dass dort, wo diese Menschen verscharrt worden sind, eine Gedenkstätte errichtet wird«, so die Wienerin. Ihr Kampf sollte erfolgreich sein: Im Jahr 2015 wurde am Wiener Zentralfriedhof die Gedenktafel für die »Gruppe 40« enthüllt: »Und die Rot-Weiß-Rote Flagge weht darüber.«

So ging Käthe Sassos Leben nach dem Zweiten Weltkrieg weiter: Im Jahr 1946 heiratete sie ihren Ehemann Josef, der ebenfalls ein österreichischer Widerstandskämpfer war. Im niederösterreichischen Winzendorf ließ sich die Familie mit drei Kindern nieder. Und Käthe Sasso begann, aus ihrem Leben zu erzählen – mit ihren Erinnerungen beeindruckte sie junge und ältere Menschen. Wenn sie erzählte, wurde es mucksmäuschenstill, egal, ob zehn oder 200 Menschen zuhörten. Geduldig beantwortete sie auf Veranstaltungen alle Fragen, stets mit sanfter Stimme, ohne Hass, aber mit dem Nachdruck eines Menschen, der viel Leid erlebt hat. Und dennoch nie den Lebensmut verloren hat.

Käthe Sasso hätte sich nach dem erlebten Grauen zurückziehen und ihr Familienleben genießen können. Doch Schweigen war ihre Sache nicht. Im Gegenteil: Sie wollte stets erinnern und dafür sorgen, dass die Nachwelt die Namen der Opfer und Täter nicht vergisst. Jenen, deren Gewissen nicht ganz so rein wie gewünscht war, mag sie als Nervensäge gegolten haben. Das muss so sein, damit die anderen, die Unschuldigen und die Opfer, ihre Fragen stellen können.

Dass meine Verwandten auf dem Wiener Zentralfriedhof tatsächlich in Frieden ruhen können, verdanken wir dieser Frau. Dass ihre sterblichen Überreste in Ehrengräbern der Stadt Wien ruhen und nicht länger lieblos im Nirgendwo verscharrt blieben, verdanken wir dieser Frau. Dass ihre Namen nicht vergessen sind, verdanken wir mit dieser Frau.

Immer wieder erinnerte Käthe Sasso daran, dass die Freiheitskämpfer, die im Wiener Landesgericht hingerichtet wurden, wesentlich zur Unterzeichnung des Österreichischen Staatsvertrages im Jahr 1955 beigetragen haben.

Käthe Sasso hat die Taten ihrer Widersacher nicht vergessen, zugleich aber ihre Menschlichkeit bewahrt. An ihre

Liebenswürdigkeit während unseres Telefon-Interviews muss ich lange denken. Ich verneige mich vor ihr und sage »Dankeschön« für alles, was sie den Toten Gutes getan hat.

Käthe Sasso ist am 14. April 2024 in Wien verstorben.

KAPITEL 4

JOHNSTRASSE

Wir wissen nicht, wann genau Rosalia Moser den Entschluss fasste, ihren Heimatort Breitenbrunn zu verlassen, um ihr Glück in Wien zu suchen. Wien! Die Stadt war ein Magnet, schon zu Zeiten der Habsburger Monarchie. Wer Arbeit oder ein Abenteuer suchte oder ein neues Leben anfangen wollte, buchte oft ein Zugticket nach Wien. Hier lockten damals wie heute die Anonymität der Großstadt, die Kaffeehäuser, Museen, Geschäfte, Vergnügungs- und Verdienstmöglichkeiten …

Es gab so viel zu entdecken, vermutlich träumte auch Rosalia von ihrem Stück vom Kuchen. Von einer guten Arbeitsstelle, von einer kleinen Wohnung vielleicht, vom großen Glück.

Träume! Heute träumen wir nur kurz von Orten, denn viele von uns sind in der glücklichen Lage, ihre Sehnsuchtsorte besuchen zu können. Mallorca, Italien, Japan, wovon träumen Sie? Manchmal muss man eine Zeitlang sparen, aber nichts scheint für den Menschen des 21. Jahrhunderts unmöglich. Sogar auf den Mars zu reisen, scheint keine Utopie mehr zu sein. Der US-Unternehmer Elon Musk kündigte 2022 an, Reisen auf den fernen Planeten so günstig anbieten zu wollen, dass es sich »fast jeder« leisten kann. Seine Preisvorstellung lag dabei bei rund 100.000 US-Dollar. Damit die Reisenden es schön und gemütlich haben und auf nichts verzichten müssen, plant er, mit seinem Unternehmen SpaceX in den kommenden

Jahrzehnten eine Stadt auf dem Mars aufzubauen, die sich selbst versorgen soll.

So gesehen war Rosalia Grafs Wunsch, nach Wien zu gehen, bescheiden. Und dennoch ein großer Schritt für einen Menschen vor über hundert Jahren.

Rosalia Grafs Heimatort Breitenbrunn im Burgenland hat rund 2000 Einwohner. Fast jeder kennt jeden. Und fast jeder weiß über den Nachbarn, die Nachbarin etwas zu erzählen. Neuigkeiten verbreiten sich schnell in so einem kleinen Ort. Das geht quasi im Vorübergehen. Noch heute sieht man viele geöffnete Fenster im Erdgeschoss, der oder die Besitzerin lehnt drinnen am Fensterbrett, ein Besucher hält vor dem Haus inne. Und schon beginnt der Austausch der Neuigkeiten.

Im Jahr 1923, als Rosalia Graf vermutlich noch in ihrem Geburtsort wohnte, zählte man 1242 Einwohner. Breitenbrunn entstand im 13. Jahrhundert. Menschen siedeln sich gern dort an, wo sie gesundes Wasser vorfinden. In Breitenbrunn, das erstmals im Jahr 1257 als »Praittenbrun« erwähnt wurde, gab es eine Mineralwasserquelle.

Im Jahr 1622 übernahm die Adelsfamilie der Esterházy – eine ungarische Familie, die zum Hochadel zählte – den kleinen Ort.

Viermal wurde Breitenbrunn zwischen den Jahren 1597 und 1748 durch Großbrände beinahe zerstört. Brände konnten sich hier, am Neusiedler See, dessen Ufer von Schilf bewachsen sind, leicht ausbreiten, denn die Menschen deckten ihre Häuser gern mit Schilf.

Es sah schön aus und kostete wenig. Bis 1920/21 gehörte Breitenbrunn wie das gesamte Burgenland als »Deutsch-Westungarn« zu Ungarn, der offizielle Ortsname lautete Fertőszéleskút. Nach dem Ersten Weltkrieg wurde Deutsch-Westungarn Österreich zugesprochen, Breitenbrunn gehörte nun zum neu gegründeten Bundesland Burgenland.

Und hier saß nun Rosalia Graf und wurde vermutlich von Fernweh geplagt. Breitenbrunn ist idyllisch, der herrliche Neusiedler See ist zu Fuß erreichbar, man kann Radtouren unternehmen, in einem der vielen Weinkeller auf ein Glas Wein und ein Käse- oder Wurstbrot einkehren. Wer aus Wien anreist, kann für kurze Zeit den Stress der Großstadt vergessen. Breitenbrunn ist beschaulich im allerbesten Sinn.

Aber nicht alle Menschen wollen Beschaulichkeit bis zum Ende ihrer Tage. Rosalia Graf muss in ihrem Leben etwas gefehlt haben. Vielleicht gab es Streit in der Familie, vielleicht schauten die Nachbarn leicht schief, weil Rosalia, geboren im Jahr 1897, immer noch nicht verheiratet war. Auf dem Land ist das damals wie heute noch ein Tuschelthema. Vielleicht handelte sie auch aus reiner Abenteuerlust. Oder sie hatte durch Bekannte oder Verwandte von einem guten Job in Wien gehört, wollte Geld verdienen, eigenständig sein und packte ihren Koffer.

Fest steht: In Wien traf sie ihre große Liebe Johann. Die beiden heirateten am 9. August 1930. Beide arbeiteten, sie als Haushaltshilfe, er auf den Wiener Friedhöfen als Rasenleger. Sie bauten sich ein schönes Leben mit bescheidenem Wohlstand auf. Ihre gemeinsame Wohnung fanden sie in einem prächtigen, neu erbauten Haus in der Johnstraße in Wien.

KAPITEL 5

WILLKOMMEN IM ROTEN WIEN!

Nicht allen Menschen in Wien ging es zu jener Zeit so gut wie den Grafs. Sie hatten Arbeit, eine Wohnung, Perspektiven. Aber die Stadt, in der die beiden lebten, bot allen Menschen interessante Lebensbedingungen. Und täglich gab es Veränderungen, Verbesserungen, die gefeiert und geschätzt wurden. Wien, die verlockende Stadt, hatte kurz vor 1900 zum ersten Mal mehr als eine Million Einwohner gezählt. Die Gebiete der Habsburger Monarchie verzeichneten zu jener Zeit eine Einwohnerzahl von 51,4 Millionen Menschen.

Bis zum Jahr 1916 vermeldete die Stadt an der Donau einen neuen Rekord: 2,2 Millionen Einwohner. Große Flüchtlingsströme hatten sich im Ersten Weltkrieg aus allen Ecken der Habsburger Monarchie auf den Weg gemacht, um im Schutz der Großstadt den Krieg zu überstehen. Im Jahr 1910 verzeichnete Wien mit 2,08 Millionen Einwohnerinnen und Einwohnern den bisherigen Bevölkerungshöchststand. Die Stadt war nach London, New York, Paris und Chicago die fünftgrößte der Welt. Heute ist Wien nach London, Berlin, Madrid, Rom und Paris die sechstgrößte Stadt der Europäischen Union und zählt nach wie vor zu den Metropolen des Kontinents.

In Breitenbrunn gibt es den kleinen Marktplatz, an dem weder heute noch vermutlich damals viel los war. Der alte Brunnen wurde restauriert, es gibt ein paar Bänke zum Verweilen. In einem kleinen Container-Supermarkt werden Waren des täglichen Bedarfs angeboten. Milch, Bananen, Gemüse, Mehl. Wer einen Großeinkauf plant, fährt ein bisschen weiter, in den großen Supermarkt. Der Ort ist sauber und freundlich, die Touristen sollen sich wohlfühlen. Gleich über die Straße wartet ein Café mit einem kleinen, hübschen Garten und einer freundlichen Kellnerin auf Gäste. Es gibt einen Eissalon, eine Bank, ein paar kleine Geschäfte. Richtig viel los ist hier nicht. Nur die Straße, die den Ort erbarmungslos in zwei Teile schneidet, sorgt für Unruhe. Unermüdlich fahren hier Autos, kleinere LKWs. Aber dennoch: Kein Vergleich zu Wien, jener großen Stadt, die nur knapp 40 Kilometer Luftlinie von Breitenbrunn entfernt ist!

Um 1920 ließen die Neuerungen Wiens sogar die vom Fortschritt der vergangenen Jahrhunderte verwöhnten Städter staunen: Plötzlich gab es Telefonzellen, die Straßenbahnlinien wurden ausgebaut, die Menschen gelangten nun bequem von A nach B. Sie konnten Verwandte und Freunde am anderen Ende der Stadt treffen und am Wochenende problemlos ins Grüne fahren, um sich von den Strapazen ihrer Arbeit zu erholen. Musste man früher eine teure und ungemütliche Pferdekutsche bezahlen, stieg man nun gemütlich in die Straßenbahn. Schuhe und Kleidung blieben auch bei schlechtem Wetter tadellos und man konnte auf die Minute genau im Voraus berechnen, wann man ankommen würde. Was für ein Luxus im Vergleich zu vorher.

Müll, den man unterwegs verursachte, musste man nicht umständlich mit nach Hause nehmen, es gab nun moderne Abfallkörbe. Die Stadt sorgte dafür, dass sie regelmäßig geleert wurden. Täglich wurden es mehr, die Stadt dadurch sauberer. Man sah in Wien immer weniger Pferdefuhrwerke; die Zahl der Autos und Motorräder hingegen stieg kontinuierlich. Die Menschen wurden mobiler und man konnte bequem von unterwegs zu Hause oder beim Arzt anrufen, wenn man sich verspätete oder seine Pläne geändert hatte: Im Jahr 1930 zählte man bereits 1300 Telefonzellen, Tendenz steigend.

Die führende politische Kraft, verantwortlich für all den Fortschritt, waren die Sozialdemokraten. Die einst liebgewonnene Monarchie war von vielen Menschen fast vergessen, man blickte entschlossen in eine Zukunft ohne Kaiserhaus. Das »Rote Wien« sollte den Wienern ihre Stadt durch soziale Einrichtungen und die bis heute gelobte Baupolitik noch lebenswerter machen. Die Menschen sollten ein gutes und weitgehend sicheres Leben haben und sich in Notsituationen darauf verlassen können, dass ihnen geholfen wurde, selbst wenn sie nicht reich waren.

Vergessen waren der Erste Weltkrieg, sein Hunger, seine Krankheiten und Ängste. Die Menschen wollten in Sicherheit leben, ihre Wohnung und medizinische Versorgung bezahlen können. Und ein bisschen Luxus wäre schön: Ein Motorrad vielleicht oder neue Möbel ...

Wer wäre von solchen Aussichten nicht angetan gewesen? Rosalia und Johann Graf waren sicherlich auch von den Chancen, die sich den Bürgern in einer Republik auftaten, begeistert. Wien, ihr Wien, war dabei, sich neu zu erfinden – und viele ließen sich gern von der herrschenden Aufbruchstimmung mitreissen. Ereignisse, die uns heute lächeln lassen, wurden als große Feste begangen: Im Jahr 1926 wurde beispielsweise die erste Verkehrsampel Wiens eingeweiht, an einer der schönsten Kreuzungen der Stadt an der Oper. Auch der erste Zebrastreifen Wiens brachte an dieser Stelle die Menschen zum Staunen. Musste man den wirklich benutzen? Ja, denn es machte Sinn, wenn man nicht von einem Auto angefahren werden wollte. Der öffentliche Verkehr wurde täglich stärker und musste geregelt, seine Sicherheit gewährleistet werden. Es entstanden Einbahnstraßen und Kreisverkehre- und neue Verkehrsregeln.

Schließlich präsentierte der Wiener Gemeinderat einen faszinierenden Plan: Die Stadt sollte flächendeckend elektrisch beleuchtet werden! Im Jahr 1923 war es so weit. Vorbei die bangen Zeiten, in denen man besser vor Anbruch der Dunkelheit zu Hause war. Denn in so einer großen Stadt leben natürlich nicht nur freundliche Menschen und die Angst, überfallen oder belästigt zu werden, war ein ständiger Begleiter vieler Bewohner, insbesondere der Frauen. Mehr Licht sorgte auch für mehr Sicherheit. Zwar verboten es schon die gesellschaftlichen Konventionen, dass ehrbare Frauen am späten Abend allein unterwegs waren, aber manchmal ließ es sich eben nicht vermeiden.

Die Wiener Politiker eilten von Erfolg zu Erfolg: Im Jahr 1926 zählte man 5000 Straßenlampen, 1927 waren es schon 10.000. Im Jahr 1929 begrüßten die Wiener fröhlich die 20.000 Lampe. Wobei für bedeutende Straßen mehr Geld ausgegeben wurde als für normale Straßenzüge. Den Wert einer Straße konnte man also an ihrer Beleuchtung erkennen. Große Geschäftsstraßen strahlten nachts doppelt so hell wie einfache Straßen. Die Kärntner Straße und die Ringstraße in der Innenstadt wurden großzügig beleuchtet, bald zählte Wien 600 Kilometer beleuchtetes Straßennetz. Und wo man schon dabei war, begann man, auch die Wiener Sehenswürdigkeiten abends und nachts anzustrahlen. Niemand konnte mehr in der Dunkelheit imposante Bauwerke wie das Parlament, das Rathaus, die Hofburg, die Oper oder die Karlskirche übersehen. Das erfreute die Touristen wie die Wienerinnen und Wiener gleichermaßen.

Im Jahr 1923 staunten die Wiener über die erste Neonreklame der Stadt, die Zeitschrift »Moderne Welt« schrieb 1928: »Heute erstrahlen auch in Wien die großen Geschäftsstraßen ... in den verschiedensten Farben der Lichtreklame, wodurch ein abendlicher Spaziergang durch die City von Wien zu einem eigenartigen, reizvollen Genuss wird. Die Elektrizität hat den Kampf gegen die Finsternis siegreich aufgenommen.« Die Wirtschaft blühte, Unternehmen priesen ihre Ware auf über 3000 Litfaß- und Reklamesäulen an.

Ob auch Tante Rosalia und Onkel Johann dem Zauber des Lichts und der bunten Werbung in »ihrem« Wien erlegen sind? Bestimmt sind sie, wie tausende andere Neugierige auch, in die (Innen-)Stadt gefahren und haben die Neuerungen bestaunt, vielleicht den Zebrastreifen getestet. Sie haben die Waren in den Auslagen betrachtet und vielleicht beschlossen, eines Tages den schicken Hut oder den eleganten Anzug zu kaufen. Oder vielleicht doch zuerst eine Lampe für das Wohnzimmer. Ich stelle mir vor, wie sie Hand in Hand durch die Innere Stadt spazierten und all die schönen Dinge bestaunten. Um danach wieder in ihre schöne Wohnung in der Johnstraße zu fahren.

KAPITEL 6

JOHANN GRAF: SCHACHTEL NR. 805

Zu allen Zeiten haben die Menschen über Bürokratie und Beamte gelächelt. Die Mitteilung, dass für einen Antrag noch Formular XY und die Bestätigung 8AB fehlt, vermag Herzschlag und Blutdruck eines ehrbaren Bürgers zu erhöhen. Himmel, wo war gleich noch mal das Formular XY? Hat man es tatsächlich schon ausgefüllt oder glatt übersehen? Und wo ist die Bestätigung? Meistens geht am Ende alles gut, Bürger und Staat sind sich einig, wohin die bürokratische Reise geht.

Egal, ob virtuell oder als Papierakte: Um die Akte abzuschließen, wird alles gewissenhaft kopiert, abgelegt und – ja, für wen eigentlich? – an einem sicheren Ort deponiert. Weil wir Menschen das schon sehr lange so machen und die Ordnung der Welt mit davon abhängt.

Ich sitze im Wiener Stadt- und Landesarchiv. Es bewahrt laut Selbstverständnis »das schriftliche Erbe Wiens als Grundlage für die Rechtssicherheit und als Gewähr des freien Informationszugangs.« Dieser Ort ist schön und ruhig. Hier wohnt die Ordnung, hier wohnt die Geschichte Wiens. Der Lesesaal befindet sich im Gasometer 4. Die vier ehemaligen Gasometer sind ein architektonisches Highlight Wiens. Die Gasbehälter aus dem Jahr 1899 gehörten zum einst größten Gaswerk Europas.

Nach ihrer Stilllegung geschah lange nichts, die Gegend liegt am Stadtrand, Touristen bekamen sie nicht zu Gesicht. Dann wurden vier renommierte Architekten-Teams beauftragt, neue Pläne für den Stadtteil zu erstellen. Die Architekten um Jean Nouvel, Coop Himmelb(l)au, Manfred Wehdorn und Wilhelm Holzbauer gestalteten jeweils eines der alten Denkmäler der Industrie neu. Einzige Bedingung: Die Außenhülle der Gasometer musste erhalten bleiben.

In den Jahren 1999-2001 entstand so im Wiener Bezirk Simmering ein neuer, imposanter Stadtteil mit 615 Wohnungen, 11.000 Quadratmetern Bürofläche, einer Veranstaltungshalle für 4.200 Besucher, einer kleinen Shoppingmall, einem Studentenheim, einem Kino und dem Wiener Stadt- und Landesarchiv.

Ich sitze an einem großen Tisch, vor mir liegt eine Schachtel. Ich lächle, aber diesmal aus Dankbarkeit. Denn hätten die Beamten vor fast hundert Jahren nicht so genau gearbeitet, hätte Johann Graf als Bürger der Stadt Wien seine Dokumente nicht so ordentlich ausgefüllt – es gäbe keinen Ort mehr, an dem man Informationen über sein Leben finden könnte.

Der Friedhofsarbeiter Johann Graf war der Ehemann von Rosalia Graf. Für ihre politische Überzeugung und das Streben nach Gerechtigkeit und Frieden haben beide ihr Leben gegeben.

Was für ein Mensch war mein Onkel Johann Graf? Es ist naturgemäß schwierig, nach so langer Zeit etwas herauszufinden. Zumal es keine Spuren von ihm gibt. Es gibt keine Verwandten mehr, die Anekdoten aus seinem Leben erzählen könnten. Vermutlich wurde die Wohnung der Grafs nach ihrer Verhaftung geräumt. Vermutlich ist vieles ihrer Besitztümer und Habseligkeiten im Müll gelandet. Es gibt längst keine Fotoalben mehr, die vom Leben meiner Vorfahren berichten könnten. Möglicherweise wurden Teile verkauft. Es war klar, dass die beiden nach ihrer Verurteilung zum Tod nicht in ihre Wohnung zurückkehren würden.

WAS VOM LEBEN ÜBRIG BLEIBT ...

Alles, was von Johann Graf blieb, ist eine 60-seitige Akte. Der Akribie der Beamten und Johann Grafs Ausdauer beim Ausfüllen mehrerer Dokumente verdanken wir die schriftliche Erinnerung an ihn. Sie sind gesammelt in Schachtel Nr. 805. Die darin enthaltenen Papiere stammen aus den 30er- und 40-er Jahren des vorigen Jahrhunderts. Niemand wird jemals ihren 100. Geburtstag bemerken oder gar begehen, denn in wenigen Stunden, wenn ich sie gelesen und mit der Technik des 21. Jahrhunderts eingescannt habe, verschwinden sie wieder in Schachtel Nr. 805, wo sie seit Jahrzehnten verwahrt werden.

Ob jemand sie jemals wieder vorsichtig in Händen halten wird? Theoretisch könnte es jeder tun, ein Online-Antrag reicht aus, dann wird die gewünschte Akte aus den Tiefen des Archivs hervorgeholt und dem Antragsteller bereitgestellt. Vorher wird geprüft, ob etwaige Persönlichkeitsrechte des betreffenden Menschen verletzt werden könnten. Dies ist nicht der Fall; ich konnte glaubhaft versichern, dass meine Motive berufs- und familienbedingt sind.

WAS ERZÄHLT EINE DIENST-AKTE VOM LEBEN EINES MENSCHEN?

Vor mir auf einem Tisch liegt eine A4-Mappe in Pinkrosa. Darin enthalten eine weitere, cremefarbene Kartonmappe. Aufschrift in Großbuchstaben: »ARCHIV«. Graf Johann. Der Name »Stefanie Dworak« ist mit Wellenlinien unterstrichen und mit blauem Stift durchgestrichen. Offensichtlich war die Hülle vor Johann Graf einem anderen Menschen zugeordnet. Klein und per Hand geschrieben: »geb. 6.6.1906« – das ist das Geburtsdatum von Johann Graf.

Es ist Johann Grafs berufliches Leben, akribisch gesammelt von verschiedenen amtlichen Stellen, zum Teil abgeheftet, zum Teil in losen Blättern abgelegt. Die Büroklammern sind leicht angerostet, erfüllen darüber hinaus ihren Dienst aber tadellos. Das Papier ist zum Teil ein wenig verschmutzt, wie es jahrzehntelang aufbewahrte Seiten sein dürfen. Manche haben kleine Risse oder umgeknickte Ecken, aber das meiste ist noch gut lesbar. Manches allerdings ist vergilbt und leider nicht mehr zu entziffern. Ich freue mich über jeden Buchstaben, den ich noch erkennen kann.

Ehrfurchtsvoll nehme ich den Inhalt der pinkfarbenen Mappe, Blatt für Blatt, in die Hand. Die Seiten beschreiben die wichtigsten Eckpunkte eines Menschen, der erst versucht hat, irgendwie durch die Jahre der Nazi-Diktatur in Wien zu kommen, dann das Regime mit Mitstreitern bekämpfte – und der an dessen Macht und Willkür gescheitert ist.

Johann Grafs berufliches Leben liegt in einer rosafarbenen Papiermappe vor mir. Das erste Blatt stammt vom 11.1.1940, es ist ein »Fragebogen« des »Personalamts der Verwaltung der Stadt Wien«.

»Eigenhändig auszufüllen«, lese ich. Basisdaten wie Name, Geburtsdatum, Wohnadresse und ähnliches hat Johann Graf gut leserlich mit geschwungener Schrift ausgefüllt. Ich erfahre, dass er 1,58 Meter groß ist und insgesamt elf Jahre die Schule besucht hat: Fünf Jahre Volksschule, drei Jahre Bürgerschule, drei Jahre Fachschule. Sein erlernter Beruf ist »Schuh-Obertheilherrichter«, mit »th«. Ein Lehrzeugnis ist vorhanden.

Vom Beruf des »Obertheilherrichters« habe ich noch nie gehört. Ich recherchiere online und finde heraus: In den vergangenen zehn Jahren lag die Zahl der Auszubildenden als Oberteilherrichter laut Zahlen des Arbeitsmarktservice (AMS) Österreich stets im unteren einstelligen Bereich. Im Jahr 2023 gab es bundesweit drei Lehrlinge. Aber zu Johann Grafs Lebzeiten war es ein guter und sinnvoller Beruf, viele kleine Betriebe lieferten größeren Unternehmen und Fabriken die Einzelteile für die Schuhproduktion. Heute führen Oberteilherrichter in Gewerbebetrieben hauptsächlich Maßanfertigungen durch. Es ist ein quasi ausgestorbener Beruf. Die Experten des AMS schreiben auf ihrer Website: »Die Berufsaussichten in der Textil- und Bekleidungsindustrie sind generell eher schlecht. Gründe dafür sind die zunehmende Verlagerung der Produktionsstätten in Länder, in denen kostengünstiger produziert werden kann, die wachsende internationale Konkurrenz und die immer weiter voranschreitende Automatisierung ... Die Beschäftigungsperspektiven für OberteilherrichterInnen sind durch die allgemein eher schwierige Lage der Textil- und Lederindustrie und den vermehrten Einsatz von HilfsarbeiterInnen in der Schuhindustrie eingeschränkt.«

Johann Graf, so hat er im Formular Auskunft gegeben, verfügt über keinen »Realbesitz«; das bedeutet, er hatte weder Eigennoch Pachtgrund, keinen Garten und auch keinen Weingarten. Auch »Pferde, Rinder oder Schweine« besaß er nicht.

Er hat niemals eine gerichtliche Strafe erhalten, hatte keinen Führerschein und konnte weder stenographieren noch Maschineschreiben. Diese Fähigkeiten brauchte er bei seiner Tätigkeit im Jahr 1940 aber auch nicht: Er arbeitete seit 1927 als Rasenleger auf Friedhöfen. Sein Bruttolohn betrug 39,60 Reichsmark im Monat.

BEAMTE MÜSSEN »DEUTSCHBLÜTIG« SEIN

Auch die politische Gesinnung wird im Rahmen der Bewerbung detailliert geprüft. Johann Graf war zum Zeitpunkt seiner Bewerbung weder Mitglied der NSDAP noch des Freimaurer-Ordens. Auf dem Dokument steht: »Wer als Beamter berufen werden soll, hat nachzuweisen, dass seine Ehegattin (Ehegatte) deutschblütig ist. Als öffentliche Beamte gelten sämtliche in einem Dienstverhältnis zur Stadt Wien stehenden Personen, also nicht bloß die der Allgemeinen Dienstordnung unterstehenden Angestellten, sondern auch Vertragsangestellte, Kollektivvertragsangestellte, desgleichen Lehrpersonen jeder Art.

Jude ist, wer von mindestens 3 der Rasse nach volljüdischen Großeltern abstammt. Als Volljude gilt ein Großelternteil ohne weiteres, wenn er der jüdischen Religionsgemeinschaft angehört hat. Als Jude gilt der von 2 volljüdischen Großeltern abstammende jüdische Mischling,

a) der am 16. September 1935 der jüdischen Religionsgemeinschaft angehört hat oder in sie aufgenommen wird

b) der am 16. September 1935 mit einem Juden verheiratet war oder sich darnach mit einem Juden verheiratet.

Ich erkläre nach Kenntnisnahme obiger Bestimmungen an eidesstatt, daß ich deutschen (artverwandten) Blutes bin, (bei Verheirateten) daß mein Ehegatte (meine Ehegattin) deutschen (artverwandten) Blutes ist.«

Rosalia und Johann Graf konnten nachweisen, dass sie keine jüdischen Vorfahren hatten. Johann Graf versicherte »an Eides Statt«, dass alle Angaben in seinem Bewerbungsverfahren »nach bestem Wissen und Gewissen« gemacht worden waren.

Die »Gemeindeverwaltung des Reichsgaues Wien« bescheinigte ihm »Zufriedenstellende Dienstleistung. Verhalten

gegen Vorgesetzte und Kameraden tadellos.« Unter »Tätigkeits-
merkmale« war verzeichnet: »Graf wird hauptsächlich als Be-
erdigungsmitarbeiter beschäftigt; seit einigen Monaten wird er
vorübergehend mit einfachen Kanzleiarbeiten in der Verwaltung
des Mödlinger Friedhofes verwendet.«

Die Einschätzung der Gemeindeverwaltung: »Soweit hier bekannt, charakterlich einwandfrei.«

Johann Graf: Vor der Machtübernahme »bewegungsfeindlich«

Kritischer sah es die Nationalsozialistische Deutsche Arbeiter-
partei, Gauleitung Wien, die in ihrer »politischen Beurteilung«
an die Friedhofsverwaltung am 31. Juli 1940 zu folgender Einschätzung kommt: »Die politische Einstellung des Obengenannten Johann Graf war vor der Machtübernahme bewegungsfeindlich. Derzeit ist Obengenannter jedoch bemüht
den Anforderungen des nationalsozialistischen Staates gerecht
zu werden. Eine besondere Förderung erscheint daher nicht am
Platze. Gegen eine Verwendung an untergeordneter Stelle wird
kein Einwand erhoben.

Heil Hitler!

Gezeichnet: (Kamba) Gauhauptstellenleiter«

Parallel zur Bewerbung wurde auch eine Vorstrafenanfrage an
das dem Strafregisteramt der Kriminalpolizeileitstelle gestellt, die
negativ beschieden wurde.

Im Oktober forderte die Gestapo, Leitstelle Wien, beim Personal-
amt der Gemeindeverwaltung des Reichsgaues Wien eine Übersendung »einer politischen, gegebenenfalls auch sonstigen Beurteilung über den Obengenannten ... Sofern mir innerhalb einer
Frist von vier Wochen eine Stellungnahme oder ein Zwischen-
bescheid von Ihnen nicht zugeht, setze ich voraus, dass Bedenken

gegen die beabsichtigte Maßnahme von Ihnen nicht erhoben werden.«

Die Anfrage wurde mit dem Stempel »Keine Bedenken« zu den Akten gelegt. Warum die Gestapo diese Anfrage stellte, lässt sich aus den vorhandenen Unterlagen nicht beantworten.

Im Februar 1941 gibt es eine Notiz, die unter »Polit.--Lmd« feststellt: »Lt. Gaultg. Gegen eine Verwendung an untergeordneter Stelle wird kein Einwand erhoben.«

Und die Wiener Kripo bestätigt auf demselben Papier: »unbescholten, Gestapo: keine Bedenken.«

Johann Graf wird unter »Dienstliche Führung« eine »zufriedenstellende Dienstleistung« bescheinigt.

Im Jahr 1940, das genaue Datum ist in den Unterlagen nicht lesbar, wurde Johann Graf auf unbestimmte Zeit als angelernter Arbeiter in den Dienst der Gemeindeverwaltung Wien aufgenommen.

DER DIENSTEID

Den Diensteid hat Johann Graf schriftlich unterzeichnet, hier ist der Wortlaut:

»Ich schwöre: Ich werde dem Führer des Deutschen Reiches und Volkes Adolf Hitler treu und gehorsam sein, die Gesetze beachten und meine Amtspflichten gewissenhaft erfüllen, so wahr mir Gott helfe. Heil Hitler!«

DIE LETZTE GUTE NACHRICHT

Am 18. Mai 1942 bekam Johann Graf abermals Post von seinem Arbeitgeber. Es war eine gute Nachricht – die letzte, die er dienstlich erhalten sollte. In diesem Schreiben wurde er zur Kanzleikraft befördert. Die Zeit als Gartenarbeiter hatte damit ein Ende: »Graf wird zu Kanzleiarbeiten und vorübergehend auch zum Telefondienst verwendet.«

Da viele seiner früheren Kollegen als Soldaten im Krieg waren, fügte der Arbeitgeber an: »Die vom Gefolgschaftsmitglied ausgeübte Tätigkeit entspricht der Vergütungsgruppe X. Es ist derzeit nicht anzusehen, ob der Posten mit diesem Gefolgschaftsmitglied endgültig besetzt werden wird; darüber kann erst nach Kriegsende entschieden werden. Es besteht daher die Notwendigkeit, mit dem Gefolgschaftsmitglied einen Dienstvertrag als Kriegsaushilfsangestellter gemäss Runderlass des Reichministers des Innern vom 24. Februar 1941, abzuschließen.«

Ein weiteres Schreiben führt aus: »Der Leiter der Abteilung G25 hat den Antrag eingebracht, den TO.-Bediensteten Johann Graf, der aus einer dienstlichen Notwendigkeit zu Kanzleiarbeiten herangezogen werden muß, auf die Kriegsdauer der Tarifordnung A zu unterstellen und nach der Verg.Gr. X zu entlohnen.

Zur Begründung führte er an, dass der Genannte im Jahr 1938 eingestellt und anfänglich im Beerdigungsdienst beschäftigt wurde. Vorübergehend verwendete man ihn auch im Telefondienst und da er sich recht anstellig zeigte wurde er auch aushilfsweise zu

Kanzleiarbeiten herangezogen. Diese Verwendung war durch den Mangel an Kanzleikräften bedingt, da bisher 24 eingerückt sind und nur 9 ersetzt werden konnten. Graf wird in den Betriebsstellen Mödling, Liesing und Himberg als Kanzleikraft verwendet.

Da sich der Genannte laut Mitteilung der Dienststelle nun bereits eingearbeitet hat, stellt das Büroinspektorat den Antrag, Johann Graf auf Kriegsdauer der Tarifordnung A zu unterstellen ... Dieser Antrag schädigt kein zur Wehrmacht eingerücktes Gefolgschaftsmitglied.«

17. JULI 1942: DIE VERHAFTUNG

Die Freude über die Beförderung währte nicht lange. Schon wenige Wochen danach, am 17. Juli 1942, wurden Rosalia und Johann Graf wegen des »Verdachts auf Vorbereitung zum Hochverrat« festgenommen.

Am selben Tag erfolgte ein Schreiben an das Hauptpersonalamt: »Der TO-Angestellte des Friedhofsbetriebes, Graf Johann, welcher derzeit am Liesinger Friedhof beschäftigt wird, wurde heute durch die Geheime Staatspolizei verhaftet. Über den Grund seiner Verhaftung wurden seitens der Gestapo keinerlei Angaben gemacht.«

In einem »vertraulichen« internen Schreiben vom 17. Juli 1942 wird der Antrag gestellt, Johann Graf aus dem Dienst zu entlassen. Begründung: Verdacht führender kommunistischer Betätigung: »Er soll im wesentlichen geständig sein.«

DAS LETZTE SCHREIBEN IN SCHACHTEL NR. 805

Veronika Graf, die Mutter von Johann Graf, stellte am 2. März 1953 einen »Antrag auf Auszahlung einer Entschädigung (Beamtenentschädigungsgesetz):

Ihre Begründung: »Dauernde geldliche Unterstützung bis zum Tode.«

Der Antrag wurde abgelehnt. Die Begründung des Bescheides: »Ihrem Antrag vom 2.3.1953 auf Auszahlung einer Entschädigung nach dem Beamtenentschädigungsgesetz, wird keine Folge gegeben. Begründung: Eine Entschädigung kann nur an die im §1 Abs.1 und 2, §3 Abs.4 und 5 und §6 Abs 1 dieses Gesetzes bezeichneten Personen gewährt werden. Als Mutter des ehemaligen städtischen Bediensteten Johann Graf fallen Sie jedoch nicht unter eine dieser Personengruppen. Da im Hinblick auf den bereits im Jahr 1944 erfolgten Tod Ihres Sohnes auch nicht im Erbwege die Auszahlung eines Entschädigungsbetrages in Frage kommen kann, sah sich das Amt der Wiener Landesregierung auf Grund der gegebenen Rechtslage bedauerlicherweise nicht in der Lage, Ihrem Antrag entsprechen zu können.

Rechtsmittelbelehrung: Gegen diesen Bescheid ist eine Berufung nicht zulässig.«

Anmerkung: Alle Zitate stammen aus den Akten des Wiener Stadt- Landesarchivs.

KAPITEL 7

PARALLELEN

»Elise-und-Otto-Hampel-Weg« – dieses Straßenschild befindet sich gegenüber meines Wohnhauses, neben dem alten Rathaus Wedding in Berlin. Der Weg ist ein schmaler Fußgängerweg, der neben dem Rathaus entlangführt. Am 21. Juli 2018 wurde auf dem Rathaus-Vorplatz eine Gedenkstele für die NS-Widerstandskämpfer Elise und Otto Hampel eingeweiht.

Eines Tages fiel mein Blick auf das Glasschild der Berliner Künstlerin Ingeborg Lockenmann: »Wache auf! Wir müssen uns von der Hitlerei befreien!« steht darauf. Auf der Rückseite gibt es Informationen über Elise und Otto Hampel. Ich hatte den unauffälligen Weg vorher noch nie bewusst wahrgenommen. Und ich fragte mich: Wer waren eigentlich die Hampels?

Ich fand, quasi vor meiner Haustür, interessante Parallelen zum Fall von Rosalia und Johann Graf. Die Hampels aus Berlin waren, wie die Grafs aus Wien, Widerstandskämpfer aus der Arbeiterklasse, die ihren Mut mit dem Leben bezahlten. Das Schicksal von Elise und Otto Hampel diente dem Schriftsteller Hans Fallada (1893-1947) als Vorlage für seinen weltberühmten Roman »Jeder stirbt für sich allein«.

Die Eheleute Hampel lebten im Berliner Bezirk Wedding, in der Amsterdamer Straße Nummer 10. Otto Hampel (1897-1943) hatte drei Jahre lang die Volksschule besucht, verdingte sich danach als Hilfsarbeiter und wurde im Jahr 1916 als Soldat im Ersten Weltkrieg eingezogen. Nach dem Krieg kehrte er in seine Heimatstadt zurück und fand 1923 Arbeit im Kabelwerk Siemens-Schuckert.

Elise Hampel (1903-1943) besuchte ebenfalls ein paar Jahre lang die Volksschule und arbeitete als Hausmädchen und Näherin. 1934 bezog das kinderlose Ehepaar eine Wohnung in der Amsterdamer Straße 10 (das Haus wurde später bei einem Bombenangriff zerstört).

Einige Jahre lang waren die beiden Mitläufer des nationalsozialistischen Regimes. Elise engagierte sich in der NS-Frauenschaft, Otto war Mitglied der NS-Gewerkschaftsorganisation »Deutsche Arbeitsfront«. Eine schreckliche Nachricht änderte die Einstellung der beiden von einer Minute zur nächsten: Im Jahr 1940 fiel Elises jüngerer Bruder Kurt im Feldzug gegen Frankreich.

Die Parallele zum Buch: Der Schriftsteller Hans Fallada erzählt, dass der Sohn des Ehepaars Quangel im Krieg ums Leben kam und danach in Herrn und Frau Quangel der Wunsch nach der Auflehnung gegen das Nazi-Regime zu reifen begann.

Auch die Hampels verloren einen geliebten Menschen. Danach beschlossen die beiden, dass sie etwas gegen das Nazi-Regime unternehmen wollten. Doch was konnte man tun, ohne politische Kontakte, ohne Geld, ohne Erfahrung im Kampf gegen Stärkere und Mächtigere? Der einfachste Weg erschien Otto Hampel das Anfertigen von Postkarten gegen Hitler und seine barbarische Kriegsmaschinerie. Er fertigte sie jeweils am Sonntag, wenn er frei hatte, in seinem Wohnzimmer an, Papier, Tinte und Feder versteckte er danach sorgfältig. Elise Hampel unterstützte ihren Mann, begleitete ihn bei den gefährlichen Aktionen, bei denen er in fremden Treppenhäusern die Postkarten hinterlegte. Aus den Mitläufern wurden so erklärte Gegner des Krieges, die wussten, dass sie mit ihren Aktionen Verrat, Gefängnis und Tod riskierten. Sie haben trotzdem weitergemacht – bis sie verraten wurden.

Insgesamt verteilten die Hampels in der Zeit zwischen September 1940 und September 1942 unzählige Postkarten und rund 200 Handzettel, in denen sie zum Widerstand gegen den Nationalsozialismus aufriefen. Das Material brachten sie in fremde Treppenhäuser von Berliner Mietshäusern in verschiedenen Bezirken oder warfen es in Briefkästen, in der Hoffnung, dass es auf diese Weise möglichst viele Menschen lesen würden.

Satzbau, Grammatik und Rechtschreibung waren fehlerhaft, aber die Botschaften waren für jedermann zu verstehen: »Nieder mit der Hitler Regierung! Nieder mit dem Zwangs Elends Dicktat in unser Deutschland!«Oder: »Alle helfen mit der Verbrecherischen Kriegs-Maschine ein Ende zubereiten!!! Wir müssen uns zur Wehr setzen!!!«

Die Nazis bestraften damals das Hören ausländischer Radiosender mit Zuchthaus, wer schriftliche Botschaften wie die Hampels in Berlin oder die Grafs in Wien verbreitete, ging ein noch höheres Risiko ein und musste mit der Todesstrafe rechnen.

BRAVE FINDER

Die meisten Finder gaben die Karten und Handzettel sofort bei der Polizei oder der Gestapo ab, die die Ermittlungen aufnahm. Es dauerte zwei Jahre, bis die Urheber der Aktionen ausfindig gemacht werden konnten. Nach einem Hinweis einer Augenzeugin, Gertrude Waschke, erschien die Polizei bei den Hampels.

Der Kriminalsekretär Willy Püschel leitete die Ermittlungen, die Wohnung des Ehepaars wurde am 20. Oktober 1942 durchsucht. Die Polizei stellte Beweismaterial sicher und verhaftete Otto und Elise Hampel.

Der Oberstaatsanwalt beim Volksgerichtshof erhob am 8. Dezember 1942 Anklage, am 22. Januar 1943 wurden die beiden vom 2. Senat des Volksgerichtshofes wegen »Zersetzung der Wehrkraft« und »Vorbereitung zum Hochverrat« zum Tode verurteilt.

Vor Gericht nahm Otto Hampel seine Frau zuerst in Schutz und gab an, allein für alle Aktionen verantwortlich gewesen zu sein. Doch angesichts der drohenden Todesstrafe änderte er seine Aussagen und bezichtigte sie der Taten. Umgekehrt beschuldigte Elise Hampel vor Gericht ihren Mann, allein für die Flugblatt- und Postkartenaktionen verantwortlich gewesen zu sein.

Am 8. April 1943 wurden Elise und Otto Hampel im Strafgefängnis Plötzensee, heute eine Gedenkstätte, vom Scharfrichter Wilhelm Röttger mit dem Fallbeil hingerichtet. Ihre Geschichte sollte weltberühmt werden. Nach dem Krieg bekam der Schriftsteller Hans Fallada einen Teil der Prozess-Akte. Auf dieser Grundlage schrieb er im Herbst 1946 binnen weniger Wochen den Roman »Jeder stirbt für sich allein«. Die Präsentation seines Buches sollte Fallada nicht mehr erleben, er starb vor der Veröffentlichung im Jahr 1947.

DIE DENUNZIANTIN

Hätte die Berlinerin Gertrud Waschke, damals 64 Jahre alt, ihre Beobachtung im Treppenhaus für sich behalten, hätte es das Leben von zwei Menschen gerettet. Niemand hätte je davon erfahren, dass das Berliner Ehepaar tapfer gegen die Nationalsozialisten ankämpfte. Niemand hätte davon erfahren müssen. Niemand zwang Gertrud Waschke, die Polizei zu rufen – sie tat es trotzdem, nachdem sie das Ehepaar Hampel beim Verteilen von Handzetteln beobachtet hatte. Ihre Aussage führte dazu, dass Polizisten vor der Wohnungstür der Hampels standen und die beiden mitnahmen. Sie sollten ihre Wohnung nie wiedersehen und bezahlten ihren Mut mit ihrem Leben.

Im Prozess sagte Gertrud Waschke vor dem Volksgerichtshof aus und bekam für diese Zeugenaussage 3,10 Reichsmark plus Fahrgeld. Danach fuhr sie nach Hause, vermutlich hatte sie den Vorfall schnell vergessen.

Im Jahr 1946 stand ein fremder Mann, vermutlich Hans Fallada, vor ihrer Wohnungstür und erzählte ihr, wie es dem Ehepaar, das sie angezeigt hatte, ergangen war. Im Jahr 1948 wurde Gertrud Waschke verhaftet, wegen Verbrechen gegen die Menschlichkeit angeklagt und zu zwei Jahren Gefängnis verurteilt.

Auch die Grafs in Wien waren von einem Menschen aus ihrem Umfeld an die Polizei verraten worden. Die Wiener Denunziantin ist in Vergessenheit geraten; kein Geschichtsbuch erwähnt ihren Namen.

KAPITEL 8

WO DIE HAMPELS STARBEN – JEDER FÜR SICH ALLEIN: DIE GEDENKSTÄTTE PLÖTZENSEE IN BERLIN

Hinrichtungsräume ähneln einander in ihrem Schrecken, der noch überall anhaftet; an den Wänden, am Boden, in dem das Blut der Hingerichteten verschwand, an den Fenstern, bei denen man daran denken muss, was die Opfer wohl in ihren letzten Sekunden gesehen haben mögen, bevor die erbarmungslosen Handlanger der Diktatoren ihnen das Leben raubten. In der Gedenkstätte Plötzensee in Berlin gibt es zwei Fenster, darunter steht ein großer Gedenkkranz. Und es gibt Blumensträuße. Blumen sind ein kleiner Trost. Menschen, die derer gedenken, die hier ihr Leben verloren, haben sie in Vasen gestellt oder auf den Boden gelegt. Es ist ein bisschen Farbe, ein wenig Hoffnung an einem Ort, an dem es für viele keine Hoffnung mehr gab. Wer von Wärtern hierhin verfrachtet wurde, wusste, dass sein Leben in kurzer Zeit enden würde. Und auch, wie.

Nein, es gibt keine Hoffnung. Nicht hier, nicht an diesem Ort, denke ich mir. Woran soll die Hoffnung sich hier bitteschön denn knüpfen? Es ist ein sonniger Tag, als ich die Gedenkstätte Plötzensee besuche. Aber auch die Sonne ist hier, an diesem Ort, kein Trost. Am Eingang befindet sich ein Schild: »Ehemaliger Hinrichtungsraum«.

Beim Betreten der Gedenkstätte Plötzensee in Berlin hält der Besucher inne. Über einen kleinen Vorplatz gelangt man zu einer riesigen Gedenkmauer mit der Inschrift: »Den Opfern der Hitlerdiktatur der Jahre 1933- 1945«. Die Mauern, die das Gedenk-Gelände umgeben, sind mit dicken Stacheldrahtmauern gesichert. Wovor hat man hier Angst? Gedenkstätten sind erfahrungsgemäß keine Ziele für Einbrüche.

Ich stehe auf dem Vorplatz der Gedenkstätte. Ich höre plötzlich Stimmen. Laute Stimmen. Kurze Zurufe, unverständlich. Es sind nur Männerstimmen, ich kann trotz der Lautstärke nicht erkennen, wer sich was zuruft. Die Stimmen sind seltsam dumpf, nah und fern zugleich. Es ist eine fast unheimliche Geräuschkulisse. Zumindest bevor man weiß, woher diese Stimmen kommen ...

STIMMEN DER GEGENWART

Neben der Gedenkstätte Plötzensee befindet sich die »Justizvollzugsanstalt Plötzensee«. 653 Haftplätze gibt es, an diesem Ort sitzen nur Männer ihre Haftstrafen ab. Es ist eine seltsame Gegend in der Großstadt Berlin: Gegenüber gibt es eine Schrebergartensiedlung, die Autos rauschen unermüdlich auf der Stadtautobahn A 100 vorbei. Ein paar Minuten Fußweg entfernt von Gedenkstätte und Justizvollzugsanstalt liegt, umgeben vom Wald eines Naherholungsgebietes, der idyllische Plötzensee, ein beliebter Berliner Badesee. Die dicken Stacheldrahtmauern sind nicht da, um die Gedenkstätte zu schützen, sondern die Häftlinge des Areals nebenan von Ausbruchsversuchen abzuschrecken.

Die Anstalt geht auf das »Königlich Preußische Strafgefängnis Plötzensee« zurück, sie liegt auf deren ehemaligem Gelände.

Damals wurde gut und möglicherweise sogar für die Ewigkeit gebaut, denn viele der in den Jahren von 1868-1879 errichteten Häuser werden auch heute noch genutzt und sehen so aus als würden sie noch lange Zeit robust dastehen. Das damalige »Strafgefängnis Plötzensee« wurde für rund 1400 Gefangene errichtet. In der NS-Zeit diente Haus 1 – gemeinsam mit der Strafanstalt Brandenburg-Görden – als zentrale Hinrichtungsstätte für den Vollstreckungsbezirk IV. Die heutige Gedenkstätte soll an die rund 3000 Menschen erinnern, die hier ermordet wurden. Der verantwortliche Scharfrichter war in den Jahren 1943-1945 Wilhelm Röttger.

Auch hier, wie im Landesgericht Wien, sehe ich Reste einer gefliesten Wand und Armaturen. Das Blut der soeben geköpften Menschen sollte schnell im Boden verschwinden. Der vom Regime verhasste und bis in den Tod verfolgte Mensch sollte möglichst keine Spuren hinterlassen. Schon gar kein Blut. Aber es gibt kein Köpfen ohne Blutvergießen. Auch das Abflussgitter ist hier, wie in Wien, noch erhalten. Hinrichtungen hatten schnell über die Bühne zu gehen, die Nazis löschten Leben gern im Zwei- oder Drei-Minuten-Takt aus. Effizient und gnadenlos. Die Leichen wurden anschließend flink abtransportiert. In Wien legte man den Opfern, als letzte Demütigung, im Holzsarg den soeben abgetrennten Kopf zwischen die Beine.

PARALLELEN ...

Parallelen Wien-Berlin. Adolf Hitler ließ die Feinde seines Regimes, so er ihrer habhaft wurde, unerbittlich verfolgen und töten. Das Fallbeil erwies sich, aus Diktatorensicht, in beiden Städten als erfolgreiches Instrument: Es arbeitete schnell und zuverlässig, niemand konnte das überleben.

Hinter einem roten Abtrennseil haben Menschen Blumen, in Vasen und als Sträuße, abgelegt. Es sind kleine Farbtupfer an einem Ort, der nur den Tod kennt.

In diesem Raum wurden am 8. April 1943 Otto Hermann und Elise Hampel hingerichtet. Die beiden deutschen Widerstandskämpfer hatten zwischen September 1940 und September 1942 Postkarten mit Texten gegen das Nazi-Regime verfasst und in Berliner Treppenhäusern hinterlegt – in der Hoffnung, dass viele Menschen es lesen und ebenfalls zum Widerstand angeregt werden könnten. Die Hampels sind das literarische Vorbild für das fiktive Ehepaar Quangel, dem der Autor Hans Fallada in seinem Roman »Jeder stirbt für sich allein« ein Denkmal setzte. Otto Hampel war Arbeiter im Berliner Kabelwerk von Siemens-Schuckert, seine Frau Elise arbeitete als Haushaltshilfe. Ab 1936 unterstütze sie als Zellenleiterin die NS-Frauenschaft. Als der Bruder von Elise während des Westfeldzugs gegen Frankreich gefallen war, ging das Ehepaar in den Widerstand. Im Roman verlieren die Quangels ihren einzigen Sohn, er fällt im Krieg. Die Verzweiflung und Trauer der Eltern waren groß. Fortan glaubten sie den Versprechungen der Nationalsozialisten nicht mehr. Im Gegenteil: Sie wandten sich von dem Terror-Regime ab.

Fast alle Postkarten der Hampels wurden von den Findern umgehend bei der Gestapo oder der Polizei abgegeben. Auch aus heutiger Sicht, nachdem so viele Jahrzehnte vergangen sind, ist das verblüffend: So eifrig und brav waren die Getreuen der Nazis! So schnell warfen sie die Moral über Bord, taten sich wichtig und wussten genau, was den von ihnen Verratenen drohen würde! Der verehrte, vielleicht sogar geliebte Führer Adolf Hitler musste unterstützt und informiert werden! Nicht als Denunziantentum wurde das verstanden, sondern als Heldentat.

Nach dem Hinweis einer Denunziantin, Gertrude Waschke, wurde das Ehepaar Hampel schließlich nach zwei Jahren am 20. Oktober 1942 verhaftet. Am 22. Januar 1943 wurden die beiden vom 2. Senat des Volksgerichtshofes wegen »Vorbereitung zum Hochverrat« und »Zersetzung der Wehrkraft« zum Tode verurteilt und in Plötzensee hingerichtet.

Ich stehe dort, wo die beiden und viele andere Widerstandskämpfer ermordet wurden. Es ist das selbe, traurige Gefühl wie in Wien, als ich im Hinrichtungsraum stand, in dem meine Tante Rosalia und mein Onkel Johann und viele weitere Widerstandskämpfer hingerichtet wurden. Ich fühle mich hilflos und frage mich, was die Hampels wohl in ihren letzten Stunden gedacht haben. »Nie wieder Faschismus – nie wieder Krieg« steht in schwarzer Schrift auf weißem Satinstoff einer großen Schleife, die um einen Blumenstrauß gebunden ist.

Angesichts der politischen Lage in vielen Ländern der Welt denke ich, dass der Satz, dass man aus der Geschichte lernen sollte, ein guter Ansatz ist. Aber leider sind die Menschen offensichtlich nicht klug genug – oder vielen ist es egal, was ihre Eltern, Großeltern und Urgroßeltern erlebt haben.

»OMAMA, ERZÄHL‹ MIR VOM KRIEG!«

Oft sind und waren diese angesichts des Grauens auch nicht in der Lage, darüber zu sprechen. Und sie wollten ihre Kinder und Enkelkinder schonen. Ich erinnere mich gern an meine Großmutter Anna, die Cousine von Tante Rosalia. Sie war sehr krank, litt an Muskelschwund, als Kind erlebte ich, wie ihre Kräfte nach und nach schwanden, bis sie eines Tages fast nur noch im Bett liegen konnte. Ihre Hände, verlassen von ihren Muskeln, waren

weich und kraftlos. Aber ihr Geist war rege. Ich besuchte sie gern.
Manchmal bat ich sie: »Omama, erzähl‹ mir vom Krieg.« Es waren
immer dieselben Geschichten, aber aus Kindersicht ein bisschen,
nicht allzu sehr, gruselig und deshalb hörte ich sie irgendwie gern.
Ich erfuhr, dass mein Großvater, ein jähzorniger Mensch, vor dem
ich große Angst hatte, im Krieg gewesen war. Heute frage ich mich,
was ihn so aufbrausend gemacht hat: War es der Krieg? Oder war
er schon davor so gewesen? Er fand, so erzählte meine Großmutter,
die Nazis gut, machte unter deren schützenden Händen Karriere.

Wie unterschiedlich die Mitglieder einer Familie doch sein können, denke ich mir. Hier die Widerstandskämpfer, dort der Nazi.
Ich vermute, dass sie auch vor dem Krieg nicht viel Kontakt mit-
einander hatten, denn gemeinsame Gesprächsthemen hatten sie
vermutlich nur wenige.

Meine Großmutter erzählte mir kindgerecht, wie sie den Krieg
erlebt hatte. Sie arbeitete als Fayence-Malerin und Schneiderin,
wie viele Wiener fuhr sie zum »Hamstern« aufs Land. Tauschte
kostbare Gegenstände gegen Butter, Eier und wenn es gut lief,
vielleicht gegen ein kleines Stück Schinken. So brachte sie ihre
beiden Kinder durch. Gab es Bombenalarm, versteckten sie sich
wie tausende andere Menschen in Wien im Keller. Sie hörten die
Flieger, manchmal schlugen Bomben ein. Aufatmen, wenn das
eigene Haus nicht getroffen worden war. Sie erzählte mir von
der Angst und wie froh sie und ihre Nachbarn waren, wenn sie
endlich wieder an die frische Luft durften.

Von der Hinrichtung ihrer Cousine und deren Mann erzählte
sie mir nichts. Aus heutiger Sicht glaube ich, dass sie mich vor
diesem Grauen bewahren wollte. Danke, Omama.

Zurück nach Berlin. Auf der Website der im Jahr 1952 ein-
geweihten Gedenkstätte Plötzensee finde ich Informationen

über die Häftlinge: »Nach einem Todesurteil des »Volksgerichts-hofs« oder eines anderen Gerichts der zivilen Justiz können Gefangene ein Gnadengesuch stellen. Die Entscheidung darüber liegt bei Hitler, der sie im September 1939 dem Reichsjustizminister überträgt. Lehnt dieser das Gnadengesuch ab, ordnet das Reichsjustizministerium die Hinrichtung an. Die Staatsanwaltschaft legt den Vollstreckungstermin fest, informiert das Gefängnis sowie den Rechtsanwalt der Verurteilten und beauftragt den Scharfrichter. Der Leichnam wird dem Anatomischen Institut der Berliner Universität übergeben.

Die zum Tode Verurteilten sind im großen Zellenbau (Haus III) untergebracht, der direkt an den Hinrichtungsschuppen angrenzt. Am Abend vor der Vollstreckung, später nur einige Stunden davor, informiert ein Staatsanwalt die Todeskandidaten. Die letzten Stunden verbringen sie gefesselt in besonderen Zellen im Erdgeschoss. Auf Wunsch kann sie ein Geistlicher betreuen. Dies wird nicht immer genehmigt.

Der letzte Weg führt über einen kleinen Hof zum Hinrichtungsraum mit dem Fallbeil. In wenigen Sekunden führt der Scharfrichter, dem zwei oder drei Gehilfen zur Seite stehen, die Enthauptung oder Erhängung durch. Die Scharfrichter erhalten jährlich 3.000 Reichsmark als feste Vergütung und pro Hinrichtung 60, später 65 Reichsmark. Die Angehörigen der Hingerichteten müssen eine »Kostenrechnung« bezahlen. Die Staatsanwaltschaft fordert für jeden Hafttag in Plötzensee 1,50 Reichsmark, für die Hinrichtung 300 Reichsmark und für das Porto zur Übersendung der »Kostenrechnung« 12 Pfennige.« Die Gebühr für die Todesstrafe betrug 300 Reichsmark. Laut Angaben des Statistischen Bundesamts entsprach der Wert einer Reichsmark im Jahr 1939 nach heutigen Gesichtspunkten rund 5,10 Euro, im Jahr 1944 waren es 4,50 Euro.

Nur Rechtsanwälte konnten an der Hinrichtung ihrer Mandanten teilnehmen, sie bekamen spezielle Einlasskarten. In vielen Fällen wurde der Vollzug der Enthauptungen in Berlin öffentlich plakatiert.

Fast alle Leichname der in Plötzensee Ermordeten wurden dem Anatomischen Institut der Berliner Universität zur Verfügung gestellt. Sie wurden seziert und danach im Krematorium Wilmersdorf verbrannt. Die Asche der ermordeten Menschen wurde anonym bestattet.

Ein Satz bleibt mir besonders in Erinnerung: »Die letzten Stunden verbringen sie gefesselt in besonderen Zellen im Erdgeschoss.« Was müssen das für grauenhafte Stunden gewesen sein! Wem die Betreuung eines Geistlichen genehmigt wurde, hatte Glück, denn er war nicht ganz allein in seinen letzten Stunden. Für die anderen blieb nur die unerbittliche Einsamkeit, gefesselt, das Ende des eigenen Lebens unabänderlich vor Augen. Unfähig, sich zu bewegen, unfähig, davonzulaufen vor der Ungerechtigkeit. Ausgeliefert. Ob der Akt der Hinrichtung selbst dann nach dem zermürbenden Warten, den vielen Monaten in Haft, vielleicht eine Erleichterung war? Ob die Menschen bis zuletzt Hoffnung hatten, dass jemand sie retten würde? Oder nimmt man sein Schicksal irgendwann, spätestens im gefesselten Zustand, an?

Von draußen tönen die Stimmen der heutigen Häftlinge. Laut und dumpf, unverständlich. Sie klingen wie eine Anklage an die Situation, in der sich die derzeit inhaftierten Männer befinden. Sie hatten einen fairen Prozess, konnten ihre Sicht der Dinge schildern und bekamen einen Rechtsanwalt zur Seite gestellt. Sie können ihre Strafe absitzen und werden danach in die Freiheit entlassen, wo sie ihre positiven Chancen hoffentlich nutzen werden.

Gleich hinter der Autobahn tobt das Berliner Leben. Einen kleinen Spaziergang von der Gedenkstätte entfernt hüpfen im Sommer fröhliche Menschen in den Plötzensee. Angler versuchen hier früh morgens oder später am Tag, Wenn die lauten Menschen den Ort verlassen haben, ihr Glück. Es ist ein kleines Naturparadies, es gibt Schwäne, einen Bootsverleih, eine Wasserrutsche. Limonade, Eis und Kuchen. Es ist ein kleines Paradies in der großen Stadt. Es ist tröstlich zu wissen, dass es diesen Ort (auch) gibt.

KAPITEL 9

WIDERSTANDSKÄMPFER UND DER WERT DES ERINNERNS: WIE WIRD MAN BERÜHMT – UND WOLLTEN DIE MUTIGEN MENSCHEN DAS ÜBERHAUPT?

Seit ich mich mit dem Multimediaprojekt »Tante Rosalia« beschäftige, überkommt mich ab und an ein stilles Wundern – und eine Frage: Warum sind manche Widerstandskämpfer bekannt, gebührend geehrt oder berühmt – und andere, die nicht minder mutig waren, weitgehend vergessen? Warum haben die einen eine Gedenktafel oder gar ein Denkmal – und die anderen nichts, das an sie erinnert? Vielleicht gibt es noch ein paar Verwandte, denen ihre Namen und Taten etwas sagen und bedeuten, aber sterben sie, sind diese mutigen Menschen vergessen.

Mir stellt sich die Frage: Messen wir, die Nachkommen, den Wert der mutigen Taten unserer Vorfahren mit zweierlei Maß? Was macht Menschen für die Geschichte, für unser gemeinsames Erinnern, interessant? Und warum sterben andere, nicht weniger Mutige, ohne diese Wertschätzung?

Natürlich ging es den betreffenden Menschen im Zweiten Weltkrieg nicht darum, in die Geschichte einzugehen, sie wollten ja leben, weiterleben, auch nach dem Krieg und genau diesen beenden. Sie haben vermutlich einfach das getan, was aus ihrer Sicht getan werden musste, was schwierig genug war in einer Diktatur. In einer Welt mit Adolf Hitler und seinen Millionen Anhängern, in einer Welt mit Hunger und Angst und ohne Social Media besaßen die Begriffe »Ruhm« oder »Berühmtheit« einen gänzlich anderen Stellenwert. Opernsänger oder Schauspieler waren berühmt, Politiker vielleicht, wenn sie die Wünsche der Bürger erfüllten. Maler, Dichter, Massenmörder erlangten Bekanntheitsgrade, die Normalsterblichen verwehrt blieben.

Von Selfies konnte man bestenfalls träumen; Menschen wurden nur zu besonderen Anlässen fotografiert. Vielleicht blicken sie auf alten Fotografien auch deshalb meistens so ernst in die Kamera. Ein bisschen unheimlich muss es gewesen sein, in diesen Kasten zu schauen, den der Fotograf bediente. Und natürlich waren die Menschen, die vor 80 oder hundert Jahren lebten, nicht darauf trainiert, auf den Befehl »Cheese!« hin zu lachen oder zu lächeln. Und es kam auch nie, nie ein Vögelchen aus dem geheimnisvollen Kasten.

Nur wenige Menschen fotografierten ihre Hunde oder Katzen, das konnten sich bestenfalls Künstler oder Reiche erlauben. Und der Gedanken, sein Mittagessen zu fotografieren und diese Aufnahmen mit Menschen in Australien oder Fremden in Salzburg zu teilen, wäre den Menschen der 1930er-Jahre vermutlich absurd vorgekommen. Essen war die Befriedigung des Hungers, es musste nicht schön oder ungewöhnlich aussehen, sondern den Magen füllen. Wohlhabende Menschen ergötzten sich an Tafeln, auf denen sich die köstlichsten Speisen befanden, aber dieser Luxus war nur wenigen vorbehalten. Die übrige Bevölkerung musste satt werden und wusste, dass sie, außer an Feiertagen, keine allzu hohen Ansprüche zu stellen hatte. Auf Gemälden wurden die Speisen wohlgefällig arrangiert, aber zu Hause?

Filmmaterial war außerdem kostbar und Kameras sowieso, zudem verstanden sich nicht viele auf die Kunst der Fotografie. Man ging zum Fotografen, wenn man sich und sein Konterfei für die Nachwelt erhalten oder an den Liebsten oder die Patentante verschenken wollte.

VERGESST UNS NICHT

Vielleicht wäre vielen Widerstandskämpfern, deren Namen wir heute kennen, ihr Ruhm unangenehm. Vielleicht würden sie verlegen abwinken und sagen: »Wir haben doch nur getan, was wir mussten, was unser Gewissen uns gesagt hat. Das ist doch kein Grund, berühmt zu sein. Lasst uns doch bitte in Frieden ruhen.« Oder: »Vergesst uns nicht und lasst so etwas nie wieder zu.«

Wir können sie nicht mehr fragen. Aber wir können so viele wie möglich ehren, die Erinnerung an sie hochhalten. Das ist die Verantwortung der Geschichte, von der so oft gesprochen wird. Ich meine nicht das Gedenken, dass das Land Österreich präsentiert. Nach Jahren der berechtigten Kritik des Nicht-Erinnern-Wollens ist viel Positives passiert. Unrecht wurde aufgearbeitet, wer sich erinnern möchte, findet in Österreich mittlerweile unzählige Orte und Möglichkeiten.

Menschen haben sich der Vergangenheit gestellt, nicht alle freiwillig, bei vielen gab es bohrende Fragen aus ihren Familien, aus der Öffentlichkeit. Andere sind »davongekommen«, was ihren Opfern nicht vergönnt war, die Täter haben ihre Geschichten und deren Ungerechtigkeit mit ins Grab genommen.

In meinem Herzen sind Tante Rosalia und Onkel Johann berühmt. Sie haben für ihre Ideale gekämpft, sind aufgestanden, während viele andere schwiegen. Vielleicht aus Angst, das würde ich noch verstehen. Vielleicht aus der Überzeugung, dass Adolf Hitler und sein Regime unterstützenswert waren. Das würde ich nicht verstehen.

Ich bin stolz auf Rosalia und Johann Graf und sie sind mir,

seit ich sie kenne, zu Vorbildern geworden. Aber es stimmt mich manchmal traurig, dass außer einer Handvoll Menschen sie niemand mehr kennt. Warum erinnert in Breitenbrunn im Burgenland, dem Geburtsort von Rosalia Graf, nichts an diese mutige Frau?

Warum ist bei der Gemeinde Wien, deren fleißiger Mitarbeiter mein Onkel Johann war, niemand auch nur ein bisschen stolz auf ihn? Eine kleine Tafel auf dem Friedhof, die an ihn erinnert, würde finanziell niemanden ruinieren und wäre aus meiner Sicht eine Frage der Ehre. Bestimmt gibt es noch weitere ehemalige Mitarbeiter der Stadt Wien, die hingerichtet wurden – wäre eine gemeinsame Erinnerungstafel nicht eine sinnvolle Idee?

Die Grafs sind, wie viele andere mutige Menschen im damaligen Österreich, in der Versenkung der Geschichte gelandet. Viele Menschen, deren Namen auf den großen Tafeln im Hinrichtungsraum des Wiener Landesgerichts stehen, teilen dasselbe Schicksal.

Ihre Namensnennung in Schwarz auf Gold ist eine schöne und wichtige Würdigung, natürlich – aber wer erzählt ihre Geschichten? Wer erinnert an ihre mutigen Taten, beschreibt, was sie verloren haben und wie ihre Leben vor dem Nationalsozialismus aussahen?

Sie waren Menschen wie Du und ich, sie haben gelacht, geweint, geliebt, sie hatten Liebeskummer, haben gearbeitet und getanzt – aber anders als wir hatten sie nicht das Glück, nach einem langen Leben eines natürlichen Todes zu sterben.

Ich bin froh, dass ich dieses Multimedia-Projekt durchführe und der wechselvollen Geschichte meines Heimatlandes Österreich ein kleines Puzzle der Erinnerung hinzufüge. Die Welt meiner Vorfahren – und auch meine Welt – ist durch Menschen wie Rosalia und Johann Graf ein bisschen besser geworden. Und wenn ich mit diesem Projekt einen kleinen Teil dazu beitragen kann, dass Menschen sich an meine mutigen Familienmitglieder erinnern, macht mich das glücklich und zufrieden.

kann, dass Menschen sich an meine mutigen Familienmitglieder erinnern, macht mich das glücklich und zufrieden.

KAPITEL 10

KAPITEL BERUF: HENKER. BEZAHLUNG: PRO KOPF

Der »Berühmteste« seiner Zunft ist er gewesen. Nicht der Schnellste in einer Sportart, nicht der Intelligenteste in der Forschung – Johann Pabtist Reichhart war der gnadenloseste Henker der deutschen Geschichte. Liest man seinen Lebenslauf, überfallen einen Schauer. Reichhart begann als Metzger und Koch und endete als Scharfrichter, der im Laufe der Jahre 3165 Menschen in den Tod beförderte. Einer wie er war im Dritten Reich im Dauerstress. Adolf Hitler ließ seine Widersacher gnadenlos verfolgen und hinrichten. Und für die Hinrichtungen benötigte er engagierte Henker.

Johann Reichhart übernahm sein Amt quasi von seinem Onkel, der als Henker in Bayern arbeitete, in Rente ging und einen Nachfolger suchte. Es war nicht so, dass die Menschen für diesen Job Schlange standen. Aber die Kriegsmaschinerie lief und die Gefangenen saßen in ihren Zellen und warteten auf den unausweichlichen Tod. Man brauchte Henker. Reichhart war ein williger Mitarbeiter.

»Er war nicht nur ein Henker, er fuhr auch wie einer«, erzählt der Sprecher in einer WDR-Sendung (»Zeitzeichen« vom 26.4.1972). Und weiter: »1943 nach der Enthauptung der Geschwister Scholl und von Christoph Probst raste er am selben Abend noch nach Nürnberg und tötete am Folgetag fünf weitere Menschen. Am Tag darauf 20 in Stuttgart, dann eilte er nach Wien und köpfte dort 18 Menschen – eine einzige Raserei. Deshalb beantragte der Henker beim Reichsverkehrsministerium eine Sondergenehmigung. ›Da ich aber auf keinen Fall zu spät kommen darf, bitte ich, mich allgemein zu ermächtigen, dass ich außerhalb geschlossener Ortschaften und auf der Reichsautobahn Höchstgeschwindigkeit von 100 km/h in der Stunde fahren darf. Ich bin darauf angewiesen, da ich seit vielen Jahren Scharfrichter bin und in dieser Tätigkeit bereits über 350.000 Kilometer mit dem Kraftwagen zurückgelegt habe.‹

Der Scharfrichter fuhr einen »Opel Blitz«, eine mittelschwere LKW-Baureihe, die von den 1930er- bis in die 1970er-Jahre hergestellt wurde. Die Höchstgeschwindigkeit dieses Kraftfahrzeugs lag bei 103 km/h. Stets dabei hatte Deutschlands »erfolgreichster« Scharfrichter sein zusammenklappbares Fallbeil. In seiner Begleitung reisten drei Gehilfen, die wie ihr Vorgesetzter stets schwarz gekleidet auftraten.

Seine beeindruckende Bilanz des Tötens half Reichhart beim Reichsverkehrsministerium übrigens nichts: Die Sondergenehmigung fürs Rasen wurde nicht ausgestellt.

EINE FAMILIE IM SOZIALEN ABSEITS

Reichharts Lebenslauf: Er wurde in eine Abdeckerfamilie in Bayern geboren, sein Vater war ein Kleinbauer, der auch Tierkadaver beseitigte. In der sozialen Rangordnung des Dorfes standen die Reichharts ganz unten. Kaum jemand wollte mit Menschen, die Tierkadaver beseitigten, etwas zu tun haben, obwohl das eine Tätigkeit war, die irgendjemand verrichten musste. Im Jahr 1914 zog der junge Bayer in den Krieg, wurde verschüttet und im Jahr 1917 als Invalide entlassen. Die Diagnose lautete: Kriegstraumatisierung.

Reichhart versuchte, nach dem Ersten Weltkrieg für sich und seine Familie ein Leben aufzubauen, er betrieb unter anderem eine kleine Gastwirtschaft, von deren Einnahmen er seine Lieben aber kaum ernähren konnte. Außerdem fürchteten die Gäste seine Wutanfälle, wenn er wieder einmal zu viel Alkohol getrunken hatte.

Als sein Onkel einen Nachfolger suchte, erschien ihm das als vernünftiger Ausweg aus der Misere, im Jahr 1924 unterschrieb er den Arbeitsvertrag. Später sollte er behaupten, dass sein Onkel ihn dazu gezwungen hatte, Historiker jedoch verneinen das. Sie sagen, es gäbe ausreichend Belege dafür, dass Reichhart aus freiem Willen gehandelt hatte. Zeit seines Lebens hatte sich der unbarmherzige Henker als streng gläubiger Katholik bezeichnet.

Mit dem neuen Job endeten auch die Geldsorgen: Pro Hinrichtung erhielt Reichhart 150 Goldmark, zusätzlich zehn Mark Tagesspesen und eine kostenlose Eisenbahnfahrkarte für die 3. Klasse.

KOHLKÖPFE ZUM ÜBEN EINER ENTHAUPTUNG

Braucht man für den Beruf des Henkers Talent, besondere körperliche Eigenschaften? Am wichtigsten ist vermutlich, ausreichend empathielos und skrupellos zu sein, um sich über die Angst (der Opfer) hinwegsetzen zu können. Vermutlich ist es hilfreich, wenn man schon als Kind viele tote Tierkörper gesehen hat, was bei Johann Reichhart der Fall war. Anfangs übte er die Vollstreckung der Todesstrafe an Kohlköpfen.

Jedes Todesopfer verliert bei der Enthauptung, bedingt durch den Blutdruck, ein bis eineinhalb Liter Blut. Das muss man ertragen können, gemeinsam mit der Gewissheit, gerade einen Menschen getötet zu haben. Viele Menschen wurden schon beim Anblick des vielen Blutes scheitern, spätestens bei dem Gedanken, jeden Tag Menschen ins Jenseits zu befördern. Und auch dem naivsten Henker konnte während es Zweiten Weltkriegs nicht entgangen sein, dass die Menschen, die auf die Guillotine gezerrt wurden, unschuldig und Opfer der Nationalsozialisten waren. Aber selbst bei schuldig Verurteilten stellt sich die Frage nach dem Sinn der Todesstrafe.

Ich frage mich: Wie geht man nach einem solchen Arbeitstag abends zu Bett? Plagen einen die Gesichter der Opfer, ihre Köpfe, ihre Schicksale beim Einschlafen oder in den Träumen? Kann man das abschalten wie einen Mixer oder einen Haarföhn? Träumt man von Kohlköpfen, die sich im Albtraum in Menschenköpfe verwandeln? Oder ist es im Dunkel der Nacht umgekehrt? Und wie empfinden das Menschen, die mit einem Henker zusammenleben, das Bett teilen? Man könnte sagen, wo die Liebe hinfällt, aber mir würde es das Einschlafen erschweren, wenn ich wüsste, dass der Mensch neben mir heute mal wieder drei Menschen getötet hat.

Ewig konnte er jedenfalls nicht mit Gemüse üben – Reichharts erstes Opfer war ein Frauenmörder. Der »Neue« trat seinen Dienst im schwarzen Frack, mit Zylinder und weißen Handschuhen an. Erstaunlich, dass bei so einem blutigen Geschäft Wert auf Eleganz gelegt wurde. Später sollte er sagen: »Ich habe immer den größten Wert darauf gelegt, dass die Vollstreckungen schnell und human durchgeführt wurden.« Er tüftelte gern an neuen Techniken, mit deren Hilfe die Menschen schneller und stressfreier in den Tod befördert werden konnten. Wobei sich mir auch hier einige Fragen stellen: Wie stressfrei kann ein Mensch sein, der weiß, dass er gleich sterben wird? Und wie schnell ist schnell in diesem Fall?

Geschwindigkeit war wichtig im Geschäft mit dem Tod, schließlich ließen die Nazis ihre Opfer gern im Zwei- bis Dreiminutentakt hinrichten. Auch die Geschwister Scholl und ihren politischen Mitstreiter Christoph Propst köpfte er am 22.2.1943 binnen weniger Minuten.

Vom Stolz von Sophie Scholl angesichts des Todes sagte er hinterher oft, immer noch staunend, als wäre er gänzlich unbeteiligt gewesen: »Ich habe noch nie jemanden so sterben sehen.« Sich selbst sah er bei all seinen Taten nicht als Täter, sondern als jemanden, der nur Befehle ausführte. Den Satz sollte man nach dem Zweiten Weltkrieg oft hören: »Ich habe nur Befehle ausgeführt …« Es war die »Entschuldigung« all jener, die sich mit der eigenen Vergangenheit nicht wirklich auseinandersetzen wollten. Was ich bei einem Menschen wie Reich hart nachvollziehen, aber nicht verstehen kann: Ich hätte den Job gleich gar nicht angenommen, es gab auch in schwierigen Kriegszeiten Möglichkeiten, ein bisschen Geld zu verdienen.

VON MÄDCHENGLÜCK UND FRAUENLIEBE

In den Jahren der Weimarer Republik geriet das Hinrichten »aus der Mode«, Reichhart tötete nur rund zwei Dutzend Menschen. Wiederum hatte er finanzielle Probleme, mit der Arbeit als Henker allein konnte er seine Familie nicht mehr über die Runden bringen. Die Geschäfte liefen nicht und so kam er auf die Idee, ein »christliches« Erziehungspamphlet mit dem Titel »Von Mädchenglück und Frauenliebe« zu schreiben. Tapfer radelte er über die Dörfer und versuchte sein Glück von Tür zu Tür. Anklopfen, anpreisen, oft unverrichteter Dinge wieder abziehen. Als sein Verleger erfuhr, welche Arbeit sein Autor nebenbei verrichtete, trennte er sich von ihm. Der Henker floh mit seiner Familie vorübergehend nach Holland, verkaufte Gemüse und erfand einen »Hochfrequenzapparat«, der offiziell unter anderem gegen Warzen und Stoffwechselstörungen eingesetzt wurde. In Wahrheit hatte er es als Selbstbefriedigungsgerät für Frauen entwickelt, was angesichts seiner Vergangenheit schon fast komisch wirkt.

Reich hart war fünffacher Vater und lebte nach der Trennung von seiner Ehefrau mit seiner Geliebten und der gemeinsamen Tochter im bayerischen Diedenhofen.

Mit der Übernahme der Macht durch die Nationalsozialisten kamen auch für Henker wieder beruflich erfreulichere Zeiten. Reich hart, der im Jahr 1937 in die NSDAP eingetreten war, wurde pro Kopf bezahlt. Sein Jahresgehalt lag im Jahr 1943 beispielsweise bei 45.000 Reichsmark. Damit verdiente der gnadenlose Henker rund 15 Mal so viel wie ein deutscher Arbeiter. Reich hart wirkte in den Hinrichtungsstätten in Dresden, Stuttgart, Weimar, Wien und Frankfurt und übernahm auch gern »Dienste« in Berlin-Plötzensee, Brandendburg-Gören und Breslau. Bezahlung pro Kopf, der Rubel – die Reichsmark rollte. Er war ein Mann im permanenten Stress, in den Jahren 1938-1944 bekleidete er auch den Posten des zuständigen Scharfrichters für die zentralen Hinrichtungsstätten in Wien und Graz.

Die Nazis waren nervös geworden, nach dem Attentat vom 20. Juli 1944 auf Adolf Hitler stieg die Zahl der Hinrichtungen stark an – Hitler wollte Rache. Auch wenn er sich an Schwachen oder Unschuldigen rächte, es war ein Zeichen, eine Warnung an

Menschen im politischen Widerstand, es ihren toten Mitstreitern bloß nicht gleich zu tun. Seht her, was ich ohne zu zögern mit Euch mache, lautete die Botschaft. Und mehr als das Leben kann man Menschen gemeinhin nicht nehmen.

Johann Reichhart war ein zuverlässiger Diener des Nazi-Regimes, er tötete, wo er hinbestellt wurde – bis die Amerikaner kamen. Auch in ihrem Auftrag wurde Reichhart tätig, diesmal tötete er verurteilte Nationalsozialisten, darunter Männer, die die Bomberbesatzungen von abgeschossenen Alliierten umgebracht hatten und ISS-Mörder aus dem KZ-Dachau. Insgesamt starben 3165 Verurteilte durch seine Hand, rund 250 davon waren Frauen.

Im Jahr 1948 wurde ihm der Prozess gemacht, nun stand er als Hauptverdächtiger und Profiteur vor dem Richter. Er sollte einen milden Richter finden, wurde zu zwei Jahren Lagerhaft »Zur Errichtung und Verrichtung von Aufbauarbeiten« verurteilt. Zudem verlor er das Wahlrecht, die Hälfte seines Vermögens und er sollte keine Rente erhalten. Fortan schlug er sich durch Hundezucht und das Mischen von Haarshampoo durchs Leben.

Seine Ehe war gescheitert, sein Sohn hatte Selbstmord begangen. Für Johann Reichhart bot das Leben nur noch wenig Freude, um ihn wurde es einsam. Er litt an Depressionen und verbrachte einige Zeit in einer Nervenheilanstalt. Der erfolgreichste Henker Deutschlands, wenn man ihn so bezeichnen möchte, starb 1972 im bayerischen Dorf.

KAPITEL 11

ROSALIAS FREUNDE – GEMEINSAM GEKÄMPFT, GEMEINSAM ERMORDET

Wien, die 1900-er, 1910-er Jahre. Wer in eine Arbeiterfamilie hineingeboren wird, hat wenig Chancen auf gesellschaftlichen Aufstieg, ein sorgloses Leben und einen gesicherten Lebensabend. Für ihn hält das Leben viele Sorgen bereit, von der Kindheit bis zum Alter. Wer zur damaligen Zeit in armen Verhältnissen aufwächst, dem bieten sich, anders als heute, nur wenige Chancen auf ein besseres und wohlhabenderes Leben. Er wird fleißig arbeiten müssen, um sich und seine Familie irgendwie über die Runden zu bekommen. Kaum ist eine Rechnung bezahlt, warten schon viele nächste.

Es gibt kaum eine Chance, etwas Geld auf die Seite zu legen, für schlechte Zeiten. Die schlechten Zeiten sind schon da.

Große Sprünge, das weiß man in dieser Situation schon als Kind, werden niemals möglich sein. Eine Reise nach Italien oder nur in die Alpen, ein Auto, ein eigenes Haus – all diese schönen Dinge werden immer Träume bleiben. Man liest davon bestenfalls in der Zeitung, wenn es um reiche Menschen geht.

Die Wohnsituation ist meistens katastrophal, zu viele Menschen leben auf zu kleinem Raum. Auch die hygienischen Umstände, in der eine große Familie leben muss, sind bescheiden. So entstehen Krankheiten, die vermieden werden könnten. Von einer Waschmaschine können Hausfrauen nur träumen, alle Kleidchen, Unterhemden, Socken müssen per Hand gewaschen werden.

Die in Österreich herrschende Schulpflicht werden die Kinder hinter sich bringen, aber ein Studium, das sie aus der Armut führen könnte, ist unerreichbar. Wie viele Talente sind auf diese Weise verlorengegangen! Kaum jemand fragt ein Arbeiterkind nach seinen Talenten; sie erlernen einen Beruf. Wer gut malen kann oder vielleicht gern Medizin studieren würde, verdrängt diese Träume besser. Für Töchter planen Eltern im Idealfall eine Heirat, sodass es nicht unbedingt nötig ist, über einen Beruf nachzudenken.

Die Errungenschaft der Antibaby-Pille ist noch ein Zukunftstraum, wer verhüten möchte, dem bleibt nur Enthaltsamkeit. Im Jahr 1857 zählte man auf 1000 Frauen im Alter von 15 bis 49 Jahren 140 Geburten. Bis 1910 sank diese Zahl auf rund 70 Geburten pro 1000 Frauen. Das waren etwas mehr als durchschnittlich zwei Kinder pro Frau.

DREI BUCHSTABEN DER ANGST: TBC

Die Säuglings- und Kindersterblichkeit war sehr hoch. Im Jahr 1869 überlebte in Wien ein Viertel der Neugeborenen das erste Lebensjahr nicht. Die Zahlen von heute zum Vergleich: Im 21. Jahrhundert sind es 0,4 Prozent. Auch eine heute fast vergessene, allerdings partiell wiederkehrende Krankheit raffte im 19. Jahrhundert viele Menschen dahin: 1867 war für 26,5 Prozent der Todesfälle die Krankheit Tuberkulose verantwortlich. Man nannte sie auch die »Schwindsucht« oder, weil in Wien so viele daran starben, die »Wiener Krankheit«, denn im europäischen Vergleich litten hier besonders viele Kranke darunter. Und besonders betroffen waren arme Menschen und Arbeiter, was TBC auch die Bezeichnung »Molekularkrankheit« eintrug. Fast die Hälfte aller Krankenhausbetten in Wien waren für Lungenkranke reserviert.

Anfangs konnten Mediziner die Verbreitungsart nicht definieren, viele Menschen dachten, der Pflasterstaub wäre der Überträger oder man könne sich sogar beim Walzertanzen anstecken.

Im Jahr 1913 war TBC immer noch eine Bedrohung der Gesundheit, die Situation hatte sich zwar etwas gebessert, aber immer noch fielen 20,7 Prozent aller Todesfälle in Wien auf diese Krankheit. Nach dem Ersten Weltkrieg nahmen die Fälle wieder zu, wiederum starb jeder vierte Wiener an Tuberkulose. Und es zeigte sich einmal mehr, dass arme Menschen ein höheres Risiko hatten, daran zu sterben, als Menschen, die sich eine bessere medizinische Versorgung leisten konnten. In den ärmeren Arbeiterbezirken der Stadt lag die Sterblichkeitsrate um das Jahr 1900 bis zu 340 Prozent über der des ersten Bezirks. Erst nach dem Ende des Zweiten Weltkrieg sollte der Fortschritt der Medizin es möglich machen, die Tuberkulose effizient zu bekämpfen. Bis in die 1950er-Jahre hing die Sterberate bei Erkrankten von ihrem sozialen Status ab: Wer arm war, starb eben früher.

EINMAL ARM, IMMER ARM

In jeder Wiener Familie kennt man jemanden, der an Tuberkulose verstorben ist. Doch das Leben geht weiter, muss weiter gehen. Die Menschen müssen ihren Alltag organisieren, Geld verdienen. Kinder aus Arbeiterfamilien, die es »geschafft« haben, zu Jugendlichen heranzuwachsen, müssen so schnell wie möglich arbeiten, um die Familienkasse unterstützen zu können. Das Leben verläuft für die ärmeren Schichten Wiens in schmalen, vorgezeichneten Bahnen. Ein Ausbrechen daraus ist nicht geplant. Dazu fehlen sowohl Geld als auch Mut. Und außerdem: Kaum jemand macht das. Die Menschen sind in ihren gesellschaftlichen Klassen verhaftet, die Armen genauso wie die Reichen.

Junge Männer erlernen einen Beruf, denn von ihnen wird erwartet, dass sie eines Tages eine Familie ernähren werden. Nicht irgendeinen, aber den, der gerade erreichbar ist. Vielleicht, weil die Eltern den Besitzer des Gemischtwarenhandels in der Straße kennen, vielleicht weil der Großvater Kontakte ins Handwerk hat. Das Leben ist kein Wunschkonzert – das lernen Arbeiterkinder schon früh.

Wie viel sich doch in rund hundert Jahren verändert hat! Junge Leute besuchen heute, im 21. Jahrhundert, Talente-Messen, sie werden im Idealfall von ihren Eltern oder einem aufmerksamen Lehrer gefördert, sie bekommen ausreichend Zeit und Gelegenheiten, ihre Talente herauszufinden und zu pflegen. Es gibt für Schülerinnen und Schüler »Schnuppertage« in Betrieben, Mädchen werden besonders gefördert, man versucht, ihnen die Möglichkeiten technischer und naturwissenschaftlicher Berufe nahe zu bringen. Das Handwerk hat zwar nach wie vor »goldenen Boden«, aber viele Eltern wünschen sich für ihren Nachwuchs ein Studium.

THERESE: 17 GESCHWISTER

Nehmen wir Therese. Sie hat nie ein Kinderzimmer besessen, ihr Spielzeug musste sie mit vielen anderen teilen, vermutlich musste meistens etwas Selbstgebasteltes herhalten, denn Geld für Spielzeug aus einem Geschäft hatte die Familie kaum. Ob Therese jeden Tag satt wurde? Ob sie manchmal abends hungrig im Bett lag, gemeinsam mit Geschwistern, die auch ihren Platz im immer zu schmalen Bett forderten?

Als Therese Dworak am 12. Oktober 1899 in Wien geboren wurde, hatte sie vierzehn Geschwister, drei weitere würden in der Familie Wurm noch folgen. 17 Mal besteht die tapfere Mutter die Strapazen einer Schwangerschaft und Geburt. Therese ging zur Schule und arbeitete danach im Haushalt, später als Hilfsarbeiterin in einer Schuhfabrik. Im Jahr 1918 wurde sie Mutter eines Sohnes, 1938 heiratete sie den Drechsler Karl Dworak.

Sie kannte die Ungerechtigkeiten des Lebens vermutlich von Kindesbeinen an; vielleicht hat sie, wenn sie in der Fabrik an den Schuhen arbeitete, die sie herstellte, von einem besseren Leben geträumt. Davon, wie es sein müsste, in schönen Schuhen auf einem Ball zu tanzen. Davon, wie es sein müsste, jeden Tag ausschlafen zu können und Geld zu haben, ein Haus vielleicht, einen Garten. Vielleicht waren die Träume auch ein paar Nummern kleiner und Therese wäre glücklich gewesen, hätte sie jeden Sonntag ins Kaffeehaus gehen und sich Kaffee und Torte schmecken lassen können.

Denn statt Reichtum zeigte das Leben sich ihr gegenüber gar nicht gnädig: Im Jahr 1899 geboren, erlebt Therese als junges Mädchen den Ersten Weltkrieg. Zu ihrem kargen Leben kommen nun Angst und die Auswirkungen des Krieges dazu. Es gibt wenig

Nahrungsmittel, geliebte Menschen sterben, der Liebste muss mit hoher Wahrscheinlichkeit in den Krieg ziehen. Onkel und Vater sind vielleicht schon längst da und man jubelt jedes Mal, wenn Post von ihnen eintrifft. Wo die Landstriche sind, in denen sie sich aufhalten, schlägt man im Atlas nach. Sie sind so weit weg, sie fehlen, als Menschen, als Verdiener. Werden sie jemals wieder nach Wien zurückkehren? Und wenn ja, in welchem Zustand? Werden sie verletzt sein, an Körper und Seele?

Ein Lichtblick ist es bestimmt, als Therese im Alter von 19 Jahren ihr erstes Kind bekommt. 20 Jahre später, da ist sie 39 Jahre alt, heiratet sie ihren Karl. Es ist jene Zeit, in der die Politik in Österreich zunehmend schwierig wird. Das Jahr wird als Horror-Jahr in die Geschichte eingehen.

Es ist das Jahr, in dem der »Anschluss« vollzogen wird, die Eingliederung des austrofaschistischen Bundesstaates Österreich in das nationalsozialistische Deutsche Reich. Vom 12. März 1938 an übernahmen Wehrmacht, die SS und Polizeieinheiten das Kommando über die bisherige Macht in Österreich. Adolf Hitler hatte den Menschen in Deutschland und Österreich schon seit Jahren goldene Zeiten versprochen – und viele glaubten ihm. Österreich ging mit dem »Anschluss« völlig im Reich der Nachbarn auf und die große Mehrheit der Bevölkerung jubelte dem »Führer« zu. Und wartete fortan auf die goldenen Zeiten.

Minderheiten ahnten oder wussten, dass dieser Anschluss für sie nichts Gutes bringen würde. Die Juden Österreichs befürchteten zu Recht, dass man sie entrechten und enteignen würde. Viele trafen schweren Herzens die Entscheidung, das Land, ihre Heimat, zu verlassen. Andere wiederum hofften, dass es nicht so schlimm werden würde, schließlich war Österreich vielen jüdischen Familien seit Generationen eine schöne, sichere Heimat gewesen.

Sie verließen sich darauf, was man von guten Menschen erwarten konnte. Sie konnten nicht ahnen, wozu Menschen fähig waren.

Viele Juden konnten einfach nicht glauben, dass ihre Leben bedroht waren, in »ihrer« geliebten Heimat. Die Geschichte zeigt, dass es so grausam wurde, wie nur wenige Menschen es sich vorstellen konnten.

Vom 12. März 1938 an übernahmen Einheiten der Wehrmacht, SS und Polizei Stück für Stück das Kommando über die bisherige Macht in Österreich. Am 13. März 1938 wurde der »Anschluss« offiziell, Adolf Hitler kam zur »Feier des Tages« nach Österreich, um sich bejubeln zu lassen. Und auch wenn sich hinterher, nach Kriegsende, viele Menschen nicht mehr genau daran erinnern wollten: Hunderttausende jubelten dem »Führer« zu. Wer Zweifel hegt, dem empfehle ich das Betrachten alter Fotos von der Hofburg in Wien an jenem Tag. Sie werden jegliche Zweifel ausräumen.

Österreich war, wie Adolf Hitler es von langer Hand geplant und in seinem Buch »Mein Kampf« skizziert hatte, im Nachbarland aufgegangen. Hitler war längst offiziell Deutscher geworden. Im Jahr 1925 hatte er seine österreichische Staatsbürgerschaft abgelegt, im Jahr 1932 erhielt er die deutsche.

Mehr als sieben Jahre sollte die Herrschaft der Nazis in Österreich währen. Erst die Eroberung Wiens durch die Rote Armee im April 1945 setzte dem Terror ein Ende. Meine Tante Rosalia und mein Onkel Johann Graf waren da schon längst von den Nationalsozialisten ermordet.

WAS KONNTE MAN ALS »KLEINER MENSCH« GEGEN DIE GEFAHR EINES ADOLF HITLERS UNTERNEHMEN?

Der bequemste Weg war, heute wie damals, nichts gegen Ungerechtigkeit zu unternehmen. Damals wie heute handeln Millionen von Menschen so. Sie wissen – heute klarer denn je, weil sich die Informationsmöglichkeiten im Vergleich zu früher rasant geändert haben – um die Untergerechtigkeiten auf unserem Planeten und ignorieren sie weitgehend. Vielleicht liegt das in der Natur des Menschen. Man möchte es schön und sicher haben und dass es anderen viel schlechter geht, blendet man erfolgreich aus.

Wien um 1930. Es gibt kein Fernsehen, kein Facebook, die meisten Menschen träumen vermutlich nicht einmal von einer Erfindung, die »Social Media« heißt, weil es ihre Phantasie übersteigt. Die Informationsquellen der Menschen damals sind Zeitungen und das Radio. Und das, was die Nachbarn, Kollegen, Familienmitglieder erzählen. Das, was man beim Bäcker, beim Fleischer oder beim Friseur hört. Daraus zimmern sie sich ihr Weltbild.

Wien, um 1910, 1920. Die Stadt Wien ist ein Sammelbecken für Menschen »aller Art«, wie ein Magnet zieht sie fleißige Arbeiter, Tagträumer, Künstler, Verbrecher, Menschen mit großen und kleinen Visionen an.

Irgendwann in dieser großen Stadt Wien sind sich sechs Menschen über den Weg gelaufen, die Engagement und Mut zeigten und von denen fünf ein paar Jahre später gemeinsam den ebenso ungerechten wie unfreiwilligen Tod finden sollten: das Ehepaar Dworak, die Friseurin Emilie Tolnay, ihr Ehemann, der Bäckergehilfe Anton Tolnay, der Wiener Gemeindeangestellte Johann

Graf und seine Ehefrau Rosalia, eine frühere Hilfsarbeiterin und jetzige Hausfrau.

Emilie Tolnay wurde 1901 in Iglau geboren, sie war nach Absolvierung der Pflichtschulen in Industriebetrieben als Hilfsarbeiterin tätig. Ab 1922 erlernte sie den Beruf der Friseurin. Sie lernte ihren Mann Anton Tolnay kennen, er arbeitete als Bäckergehilfe. Die beiden heirateten im Jahr 1926.

Therese und Karl Dworak gaben einander im Jahr 1938 das Ja-Wort. Vermutlich haben sie ihre politischen Mitstreiter in der Nachbarschaft kennengelernt, alle wohnten im selben Umkreis, in Wien »Grätzl« genannt. Die Dowraks trafen sich mit ihren Freunden, um kommunistische Flugblätter zu erstellen. Auch sie versteckten, wie Rosalia und Johann Graf, den flüchtigen kommunistischen Funktionär Adolf Neustadl in ihrer Wohnung.

Die sechs Wienerinnen und Wiener einte ein Ziel: Sie empfanden die politischen Ziele der Nationalsozialisten als ungerecht, sie wollten keinen Krieg – noch war der Erste Weltkrieg und seine Schrecken in ihrer Erinnerung. Sie wollten nicht in der bestehenden Diktatur, sondern in Freiheit leben und sie erkannten, dass diese Freiheit zunehmend bedroht war. Sie sehnten sich nach Frieden und überlegten gemeinsam, wie man diesen erlangen könnte.

Zum Widerstandskämpfer wird man nicht über Nacht. Die drei Ehepaare wussten, was ihnen drohen würde, wenn man sie bei ihren Taten erwischen würde. Hochverrat und Todesstrafe würden sie unausweichlich erwarten. Die Nazis hatten dafür gesorgt, dass potenzielle Widerstandskämpfer darüber informiert waren.

Die »erfolgreichen« Hinrichtungen wurden in der ganzen Stadt auf kleinen Plakaten – schwarze Schrift auf rotem Untergrund – verkündet. Widerstandskämpfer sind Stachel im Betrieb einer Diktatur. Diktatoren wissen oft nicht genau, aus welcher Richtung der Widerstand kommt, wie motiviert die Gegner sind, wie sich die Dinge entwickeln würden. Deshalb galt es, dem Gegner zu signalisieren: Wenn ich dich erwische, bist du tot. Die Nazis hatten die Macht, dies auch auszuführen. Und sie taten es, ohne jedes Mitgefühl.

Meine Verwandten und deren Freunde haben sich über diese Angst hinweggesetzt. Vermutlich braucht es viel Hoffnung und noch mehr Mut, um sich täglich zu beschwören, dass es einen selbst und seine Freunde schon nicht treffen werde. Und man braucht in einer Situation, in der die eigene Sicherheit an einem dünnen Faden hängt, viel Vertrauen. Die drei Ehepaare agierten einige Zeit erfolgreich im Untergrund, doch dann hatten sie Pech: Alle sechs wurden verraten und verhaftet. Fünf Widerstandskämpfer wurden von den Nazis »Im Namen des Deutschen Volkes« zum Tode verurteilt und ermordet.
Einer der Männer kam mit dem Leben davon.

DARF MAN KOMMUNISTEN WÄHLEN?

Es ist Mittwoch, der 1. Mai 2024. Ich sitze in Berlin an meinem Schreibtisch und gehe durch die Meldungen der vergangenen Nacht. Der 1. Mai und die Nacht davor, die Walpurgisnacht, sind in Berlin unberechenbare Stunden. In den Tagen davor überfällt eine unheilvolle Unruhe die deutsche Hauptstadt. Die Stadt hat eine seltsame Tradition um den 1. Mai – sie heißt Randale. Kreuzberger Geschäftsbetreiber sind mittlerweile geübt darin, ihre Läden fachmännisch zu verbarrikadieren. Danach hilft nur noch Beten, denn die zu erwartenden Schäden versichert keine Versicherungsgesellschaft. In den letzten Jahren hat sich die Situation gebessert, die Demos sind friedlicher geworden- was nicht bedeutet, dass sie gewaltfrei blieben.

Die Polizei ist, alle Jahre wieder, in Alarmbereitschaft: Werden die Demos friedlich bleiben? – das ist stets die bange Frage. Wie viele Polizisten werden aus den Bundesländern nach Berlin geschickt, um die Kollegen zu unterstützen? Die Bild-Zeitung bezeichnet die Städte Berlin, Hamburg und Leipzig als »deutsche Krawall-Hochburgen« und meldet am Morgen des 1. Mai 2024 weitgehend friedliche Demos. Friedlich bedeutet für mich als Bürgerin an diesem Tag, dass keine besonders großen Unglücke geschehen. Ein ruhiger, besinnlicher Tag ist der 1. Mai in Berlin nie. Wobei sich eine seltsame Teilung wahrnehmen lässt: Viele Menschen begrüßen den 1. Mai, feiern den Frühling und wollen, wenn es das Wetter zulässt, nur eines: Raus ins Grüne. Das kann eine Spreefahrt sein, aber auch ein kleines Picknick im Park nebenan zählt für die friedlichen Berliner zu einem gelungenen 1. Mai.

Das Foto von Menschen, die auf Berliner Dächern »Bengalos« zünden und die ich online sehe, würde andernorts Beunruhigung oder Angst auslösen. In Berlin ist man schon erleichtert, wenn die Beteiligten, besoffen von Bier und ihren Parolen, nicht vom Dach fallen und es keine größeren Brände gibt. Bengalofackeln erreichen nach Entzünden Temperaturen bis 2500 Grad und sind nur schwer löschbar. Ein Unternehmen wirbt online: »Illumination zu einem spitzen Preis. Ideal für Outdoor-Aktivitäten, Paintball, Softair, Geländeübungen, zur Ausleuchtung von Fotomotiven und vielen mehr«, die Fackeln kosten ab fünf Euro. Vermutlich interessiert die Protestierenden nur der Preis. Das mit den 2500 Grad ignorieren sie, wird schon schiefgehen.

Auf Berliner Demos sind die Fackelträger und -werfer weder an gesundheitsfördernden Outdoor-Aktivitäten noch an der Ausleuchtung hübscher Fotomotive interessiert. Es geht um Gewalt, Provokation, unfriedlichen Protest. Wogegen? Mal dies, mal das, viele marschieren einfach auch so mit und warten ab, ob jemand den ersten Stein wirft. Dann gehen die Gewaltausbrüche los. Gewalt um der Gewalt willen. Ein Grund findet sich immer.

5000 Polizeibeamte sind in Berlin an diesem 1. Mai im Einsatz. Am frühen Morgen brennen 16 Amazon-Transporter. Nicht nur ein bisschen – sie gehen in Flammen auf. In der Nacht darauf werden weitere Autos brennen. Rund 20 Demonstrationen finden im Laufe des Tages statt, die Polizei fürchtet die traditionelle Abend-Demo, die »Revolutionäre 1. Mai-Demonstration«, bei der die Veranstalter ankündigen, den Bezug zum Nahost-Konflikt zum Thema zu machen.

Erleichtertes Fazit am späten Abend: Die großen Krawalle bleiben aus, es gibt nur vereinzelte Festnahmen und wenig Störungen, ein Polizist wird verletzt. Rund 12.000 Menschen hatten weitgehend friedlich an der Demo teilgenommen. Geht doch, denke ich mir. Ich bin sehr für Demonstrationen, denn sie sind ein wichtiger Garant für eine Demokratie. Ich finde, dass jeder Mensch laut und offen seine Meinung sagen können soll. Man muss die Meinungen nicht teilen, aber man sollte respektieren, dass andere Menschen eben andere Ansichten haben. Und wenn einer eine Demo anmeldet, hat er ebenfalls meine Unterstützung. Ich habe jahrelang in einem Büro Unter den Linden gearbeitet. Das klingt schicker als es war, denn damals fanden die Bauarbeiten für die Kanzler-U-Bahn statt, die mittlerweile fertiggestellt ist. Das Öffnen der Fenster musste man sich gut überlegen, denn es war zum Teil ohrenbetäubend laut und staubig. Jahrelang.

Demonstranten ließen sich davon natürlich nicht abhalten. Es gab fast jeden Tag Demos und manchmal war es, was Lärm betraf, sehr anstrengend. Mein Mantra damals lautete: »Das ist wichtig für die Demokratie.« Wenn alle Demos des Tages beendet waren, tauchte meist ein Mann auf seinem Fahrrad auf. Er klingelte wie besessen. Via Lautsprecher beschallte er die Straße, leider haben meine Kollegen und ich nie verstanden, wogegen oder wofür er protestierte. Aber es schien ihm so wichtig zu sein, dass er jeden Tag dafür aufs Rad stieg. Ihm gehörte mein politisches Herz, denn ich bewunderte seine Ausdauer. Das verstehe ich unter Demokratie. Aber es muss friedlich ablaufen.

Deshalb sind die Nachrichten vom 1. Mai 2024 weitgehend erfreulich. Auch wenn die Welt bekanntermaßen alles andere als friedlich ist. Dominantes Thema war auch in Berlin die Konfliktlage im Nahen Osten. Hier leben Menschen aus aller Herren Länder und viele Religionen suchen und finden hier ihren Platz. Leider nicht immer friedlich. Und nicht alle Menschen verhielten sich am 1. Mai gewaltfrei, aber die Polizei hatte die Lage im Griff.

Laut Polizei wurde dreimal eingeschritten, als von Demonstranten antisemitischer Hass skandiert wurde, es gab vorübergehende Festnahmen. Immer wieder skandierten Menschen den verbotenen Ruf »From the river to the sea«, der die Auslöschung Israels fordert. Besonders schlaue Demo-Teilnehmer zündeten ihre Bengalos sogar während der Demonstration, im Gehen. Andere begnügten sich, es auf den Dächern der Stadt zu tun.

Ich sitze an meinem Schreibtisch, draußen scheint die Sonne, die Vögel zwitschern. Ich erinnere mich an diesen Feiertag, wie ich ihn in der Kindheit in Wien erlebt habe. Von draußen hörte man am Morgen des Feiertags – der 1. Mai ist immer ein Feiertag- in der Ferne die Musik der Maiaufmärsche, die Richtung Innenstadt zogen. In den 1970-er Jahren war die KPÖ (Kommunistische Partei Österreichs) eine vielfach belächelte Partei. Im Fernsehen erschienen mir die Mitglieder nicht nur alt, sondern geradezu greisenhaft. Ich kannte niemanden, der so alt war, konnte mir nicht vorstellen, jemals so alt zu werden und ich kannte niemanden, der diese Partei ernst nahm. Man nannte sie mitleidig-scherzhaft die »Kummerln« und ich überlegte, ob es eine Abkürzung war oder ob man damit beschreiben wollte, dass die Kommunisten den übrigen politischen Parteien in Österreich Kummer machten. Aus heutiger Sicht denke ich nicht, dass das das Hauptproblem war.

Erstaunlicherweise erlebt die Kommunistische Partei in Österreich seit einiger Zeit eine Renaissance. Und ja, neuerdings machen sie der Konkurrenz Kopfzerbrechen und Kummer. Das liegt vermutlich weniger an ihren Parteiinhalten als an der Tatsache, dass sie erkannt haben, wo die Bürger der Schuh drückt und politisch folgerichtig danach handeln: Wohnungsbau, soziale Themen, die die politische Konkurrenz seit Jahren vernachlässigen sind nun die Themen der Kommunisten. Niederschwellig, bürgerorientiert, so nennt sich das im 21. Jahrhundert. Die Bürgermeisterin der Stadt Graz, Österreichs zweitgrößte Stadt nach Wien, verzichtet medienwirksam auf einen Teil ihres Gehalts, das Geld kommt bedürftigen Bürgern zugute. Da können – und wollen – Politiker anderer Parteien nicht mithalten. Müssen sie auch nicht, schließlich ist es nicht illegal, sein schwer verdientes Gehalt für sich selbst zu verwenden.

Der Erfolg der Kommunisten in Graz ist beachtlich: Im Jahr 2003 konnte die Partei bei der Gemeinderatswahl ein Plus von rund 13 Prozentpunkten erreichen und kam 2005 zum ersten Mal seit 35 Jahren wieder in den Landtag. Ein Erfolgsfaktor: Die Kommunisten waren anfangs für das Referat für Wohnungsangelegenheiten zuständig. In einem Land, in dem die Wohnungen wie in vielen Ländern Westeuropas zunehmend knapp werden, ist das ein interessantes politisches Feld. Erfolg wird mit Wählerstimmen belohnt. Die Kommunisten können zwar auch nicht über Nacht Wohnungen herbeizaubern, aber sie taten etwas, das

Bürger bei anderen Parteien vermissen: Die Kommunisten nahmen die Menschen und ihre Probleme ernst, zumindest kam und kommt das bei den Menschen so an und deshalb wählen sie die Kommunisten.

Im Jahr 2021 wurde Elke Kahr zur Bürgermeisterin der steirischen Landeshauptstadt Graz gewählt und führt eine Koalition mit Grünen und der SPÖ. Auf dem Weg zum Erfolg musste Kahr politische Federn lassen. So bezeichnete sie sich als »überzeugte Marxistin« und lobte den Politiker Josip Broz Tito, Aussagen, die nicht überall gut ankamen und die sie hinterher mühsam erklären musste.

Was man, so finde ich, nicht vergessen darf: Man muss Elke Kahr nicht gut finden, aber die Politikerin ist demokratisch gewählt. 2023 wurde sie als erste kommunistische Bürgermeisterin mit dem »World Mayor Prize« ausgezeichnet, was internationales Medieninteresse auslöste. Der Preis wird seit 2004 alle zwei Jahre von der »City Mayors Foundation«, einem internationalen »Think Tank«, vergeben.

DIE LANGE GESCHICHTE DES 1. MAI

Zurück zum 1. Mai. Dieser Tag wird weltweit als »Tag der Arbeit« begangen. Die meisten Menschen freuen sich über einen freien Tag, die wenigsten können erklären, was das alles mit den Arbeitern in Chicago zu tun hat. Die nordamerikanische Arbeiterbewegung setzte sich im 19. Jahrhundert vehement für den Achtstundentag ein. Die Arbeiter lebten unter verheerenden Bedingungen, sie waren gezwungen, in elenden Vierteln zu hausen, sie litten unter Rassismus und waren der Polizeigewalt oft hilflos ausgeliefert. Jeden Abend fielen sie erschöpft in ihre Betten, am nächsten Morgen mussten sie wieder früh aufstehen und arbeiten, immer nur arbeiten, quasi bis zum Umfallen. Eines Tages beschlossen sie, die unmenschlichen Bedingungen nicht länger hinzunehmen.

Am 4. Mai 1886 versammelten sich auf dem Chicagoer Haymarket Arbeiter, was der Polizei ein Dorn im Auge war. Rund 80.000 Arbeiter forderten lautstark den Achtstundentag. Viele Menschen schufteten in Chicagos Fleischfabriken, die Stadt hatte sich in den vergangenen Jahrzehnten zu einem Zentrum der fleischproduzierenden Industrie entwickelt. Die Arbeit in einer Fleischfabrik gehört auch heute noch zu den anstrengendsten Berufen der Arbeitswelt. Große Tierhälften werden angeliefert, sie müssen in kürzester Zeit fachgerecht zerlegt, verpackt und an die Supermärkte verschickt werden. Es ist eine körperlich harte Fließbandarbeit, die meistens Männer verrichten. Eine Sekunde unachtsam gewesen und schon kann ein Arbeiter sich ernsthaft verletzen. Nach den Fleischskandalen der vergangenen Jahre hierzulande scheint es nicht so zu sein, als hätten sich die Arbeitsbedingungen in den Fleischfabriken der Welt in den vergangenen 130 Jahren maßgeblich verbessert.

DAS ERSTE BOMBEN-ATTENTAT IN DEN USA

Seit dem 1. Mai 1886 schon befanden sich 340.000 Arbeiterinnen und Arbeiter in landesweit 12.000 Fabriken im Streik. Beim Versuch, die Versammlung in Chicago aufzulösen, wurde das erste Bombenattentat der USA verübt. Sieben Polizisten starben, rund 70 wurden verletzt. Die Täter, die die Bombe geworfen hatten, nahmen das Wissen um ihre Tat ins Grab mit. Sie konnten nie ermittelt werden.

Die Nationalsozialisten wussten um die Macht der Arbeiter- und um die Macht der verlockenden Feiertage. Einmal nicht um fünf Uhr morgens aufstehen, einmal ausschlafen und den Tag genießen können, davon träumten und träumen alle Menschen. Die Nazis erklärten den 1. Mai ab 1933 zum gesetzlichen Feiertag. Absurderweise hatte die Arbeiterschaft, politische Gegner der Nazis, diesem Tag ab 1890 seine Bedeutung gegeben, von da an war er der internationale Kampftag der Arbeiter.

Mit dem Feiertag ab 1933 wollten die Nationalsozialisten gut Wind machen und die Arbeiter politisch auf ihre Seite bringen. Es gab Aufmärsche, Blaskonzerte, Jahrmärkte – das Volk sollte einen schönen Tag haben, die Sorgen vergessen und feiern. Am besten auch die Nazis. Ab 1934 wurde der Tag als »Nationaler Feiertag des deutschen Volkes« begangen.

HERR K. KOMMT ZU BESUCH

Meine Familie war stets der SPÖ, der Sozialistischen Partei Österreichs, nahe. Ich erinnere mich gut daran, dass alle paar Monate Herr K. zu uns kam. Ein Mann im Anzug und immer freundlich zu uns Kindern. Er kassierte von meinen Eltern Geld, im Tausch gab es Klebemarken. Die wurden ins kleine rote Parteibuch geklebt. »Gepickt«, wie wir in Wien sagen. Hier Bargeld, da Marken – ein Vorgang, der heute, im 21. Jahrhundert, kaum noch vorstellbar ist. Die Besuche des Herrn K. waren immer irgendwie feierlich, obwohl ich keine genaue Vorstellung davon hatte, um welches Geschäft es hier ging. Es kam mir nicht unredlich vor; geheimnisvoll, irgendwie, aber nicht unseriös und das war es ja tatsächlich nicht.

So wuchs ich im »Roten Wien« auf, umsorgt von der

Sozialistischen Partei. Meine Großeltern lebten in einer schönen Gemeindewohnung, wir Enkelkinder machten Ferien mit den »Kinderfreunden«. Je älter ich wurde, desto bewusster wurde mir natürlich, dass es auch andere Parteien gab. Die Kommunisten nahmen irgendwie immer eine Sonderstellung ein: veraltet, im Aussterben begriffen, unwählbar. Und die greisen Politiker wirkten sogar noch älter. Hatten die etwa vergessen, in Pension zu gehen?

Als ich bei meinen Recherchen für dieses Buch- und Filmprojekt herausfand, dass Rosalia und Johann Graf Mitglieder der Kommunistischen Partei gewesen waren, war ich deshalb anfangs erstaunt. Geradezu erschrocken. Kommunismus ist mir sehr fern. Ich lebe in einer Stadt, die jahrzehntelang geteilt war und in der ich vermutlich niemals gelandet wäre, wenn es die DDR und mit ihr den realen Sozialismus noch gäbe. Nach dem Mauerfall freuten sich die Menschen, dass der Kommunismus vorüber war, denn er hatte sich, wie überall sonst auf der Welt auch, nicht als erfolgreiche Gesellschaftsform herausgestellt. Zwar ist die Idee, dass alles allen gehört und niemand mehr besitzen sollte als der Nachbar, in ihren Grundzügen sympathisch, allein sie funktioniert nicht.

Der Begriff stammt aus dem Lateinischen, »communis« bedeutet »gemeinsam«. Meiner Meinung nach ist dieses Gesellschafts- und Wirtschaftssystem zum Scheitern verurteilt, weil Menschen einfach anders funktionieren, sie wollen eben gerade etwas erreichen, Dinge besitzen, wichtiger und reicher sein als der Nachbar. Auch wenn das nicht nett klingt, aber leider sind wir Menschen so. Wer hat das schönere Auto? Wer den besseren Mäh-Roboter? Und um es positiv zu sehen: Etwas im Leben erreichen zu wollen, fördert auch die Konkurrenz. Ich halte es grundsätzlich für eine Eigenschaft, die den Menschen ausmacht.

Ohne sie wäre weder Amerika entdeckt worden noch stünden unsere Autos vor der Tür. Wer nur gemütlich auf dem Sofa liegt und Kuchen isst, wird vermutlich nicht auf die Idee kommen, ein neues Medikament zu entwickeln oder der Welt neue Technik zu schenken. Es muss sich lohnen. Der Kommunismus belohnt die meisten Anstrengungen nicht.

Meine Tante Rosalia und mein Onkel Johann traten im Jahr 1934 der SPÖ bei. Vermutlich kam auch damals jemand zu ihnen, wie bei uns später Herr K., um die Mitgliedsbeiträge einzusammeln. Ging von Tür zu Tür in dem schönen Haus, in dem die Grafs und vermutlich einige andere Arbeiterfamilien lebten.

In der Anklageschrift der Grafs wird festgehalten, dass sich die beiden in der Wohnung des befreundeten Ehepaares Anton und Emilie Tolnay an politischen Diskussionen beteiligten. Nach dem Beginn des Krieges mit der Sowjetunion sollen sich diese Gespräche »verschärft« haben. Die Parteien der Sozialdemokraten und der Kommunisten waren ab 1934 verboten, ihre Anhänger waren gezwungen, illegal zu agieren. Traf man zum Beispiel zum ersten Mal Menschen, die im Widerstand mitmachen wollten, gab es ausgeklügelte Details, um sicherzustellen, dass man nicht einem Spion aufsaß. So gab es genau definierte Treffpunkte und Codewörter, um sich und die Sache zu schützen. Natürlich gelang es Spitzeln, diese Hürden zu überwinden. Ab dem Zeitpunkt, an dem die Partei verboten worden war, musste man noch vorsichtiger sein. Es galt nun, sich am meisten auf sich selbst zu verlassen. Eine Parole der Kommunisten lautete damals: »Du bist jetzt die Partei«.

In den Jahren 1934-1945 wurde die KPÖ zur wichtigsten Kraft der illegalen Arbeiterbewegung in Österreich und zu einer Triebkraft aller, die sich im antifaschistischen Widerstand engagierten.

Vielleicht sind Rosalia und Johann Graf deshalb von der SPÖ zur KPÖ gewechselt.

Der 1. Mai war auch für ihr Leben von großer Bedeutung, denn in der Nacht zum 1. Mai 1942 beteiligten sie sich an einer Flugblattaktion in Wien. Auf diesen stand zu lesen: »Mit großem Geschrei kündigt Hitler eine neue Offensive an, Das bedeutet neue Blutopfer für unsere Jugend. Das bedeutet aber auch neue Opfer, neues Elend für uns Arbeiter und Arbeiterinnen. Arbeiter und Arbeiterinnen! Denkt stets an dieses Blutvergießen. Kämpft mit uns gegen Hitler! Er allein ist der Mörder unserer Jugend. Sabotiert Hitlers Kriegsmaschinerie, wo ihr nur könnt! Arbeitet so langsam wie nur möglich! Jedes Stück mehr verlängert den Krieg!«

Im Gerichtsprozess der beiden sollten diese Flugblätter eine wichtige Rolle spielen.

KAPITEL 12

GESTAPO-ZENTRALE IN WIEN: »DIESES HAUS WAR DIE HÖLLE«

Wien hat viele Denkmäler und viele Orte des Nachdenkens. Die Stadt feiert Musiker, Politiker, Dichter. Und sie ermahnt an vielen Orten die Menschen, es in Zukunft besser zu machen als in der Vergangenheit. Man kann das Mahnmal zur Erinnerung an die Gestapo-Zentrale im Vorübergehen leicht übersehen. Im Vergleich zu anderen Denkmälern ist es nämlich klein. Wer die Inschrift der Granitplatte liest, wird lange darüber nachdenken.

»Hier stand das Haus der Gestapo. Es war für die Bekenner Österreichs die Hölle. Es war für viele von ihnen der Vorhof des Todes. Es ist in Trümmer gesunken wie das Tausendjährige Reich. Österreich aber ist wiederauferstanden und mit ihm unsere Toten, die unsterblichen Opfer«. Diese Worte sind in die große Steinplatte eingemeißelt.

Die Hölle von gestern ziert heute ein kleines Blumenbeet. Der Vorhof des Todes ist im 21. Jahrhundert ein friedlicher Ort, an dem Menschen auf dem Weg zur U-Bahn vorüber hasten. Das Tausendjährige Reich: es ist perdu, zum Glück. Die Erinnerung daran: sie ist hier, zum Glück.

Auch meine Tante und mein Onkel lernten diesen Ort kennen. Nach der Verhaftung wurden jene, die von den Nationalsozialisten des Hochverrats oder anderer Vergehen verdächtigt wurden, in das Haus am Morzinplatz in der Wiener Innenstadt gebracht. Es war eine Adresse, die während des Zweiten Weltkriegs Angst auslöste, sobald sie in Wien erwähnt wurde. Der Platz ist nach dem Grafen Vinzenz Morzin, einem Oberst und Ehrenritter des Malteserordens, benannt. Er wurde Anfang des 19. Jahrhunderts geboren, nach seinem Tod vermachte er als Letzter seiner Familie sein Vermögen Armen, Waisen und körperbehinderten Kindern.

In den Jahren 1938-1945 befand sich hier die »Gestapo-Leitstelle Wien«. Über 900 Menschen arbeiteten hier. Sie waren fleißig und es scheint eine beliebte Tätigkeit gewesen zu sein, denn viele Polizisten bewarben sich für diesen Dienst. Die Gestapo-Leitstelle Wien war erstaunlicherweise sogar größer als die Leitstelle Berlin. 1938 eröffnet, arbeiteten hier Beamte und Angestellte, 80 Prozent davon waren zuvor im österreichischen Polizeidienst tätig gewesen. Auf der Website des Dokumentationsarchivs des österreichischen Widerstandes finden sich viele Berichte von und über Menschen, die hier einvernommen oder verhört wurden.

VERDACHT AUF VORBEREITUNG ZUM HOCHVERRAT

Rosalia und Johann Graf wurden am 15. Juli 1942 wegen des »Verdachts auf Vorbereitung zum Hochverrat« in ihrer Wohnung in Wien festgenommen. Dann wurden sie zum Verhör in die Gestapo-Leitzentrale gebracht. Dort wurden die beiden von der Gestapo Wien erkennungsdienstlich erfasst, fotografiert und verhört und anschließend ins Landesgericht Wien transportiert. Ich weiß nicht, ob man sie gefoltert hat. Da die Gestapo in ihrer Wohnung eindeutige Gegenstände, darunter eine

Schreibmaschine und einen Vervielfältigungsapparat gefunden hatte, war die Lage klar. Sie haben hoffentlich nicht geleugnet und sind so Folterungen entgangen.

Bis zu 500 Menschen täglich suchten diesen Ort auf, nicht alle freiwillig. Einige waren auf der verzweifelten Suche nach vermissten Angehörigen oder Freunden. Andere mussten sich hier im Rahmen von Zeugeneinvernehmungen oder Verwarnungen den Fragen der Geheimen Staatspolizei stellen.

FOLTER: »VERSCHÄRFTE VERNEHMUNG«

Auf der Website des DÖW (Dokumentationsarchiv des österreichischen Widerstandes) ist nachzulesen: »Die Gestapo war juristisch und administrativ mit einem Bündel von Sonderrechten ausgestattet. Sie entschied, ob Anzeigen ignoriert oder registriert wurden, ob es bei einer Verwarnung blieb oder ob es zu einer Vernehmung bzw. Verhaftung kam. Vorladungen, Hausdurchsuchungen und Folter – beschönigend ›verschärfte Vernehmungen‹ genannt – zählten zu den alltäglichen Gestapopraktiken. Die Gestapo forschte Personen, denen ›volks- und staatsfeindliche Bestrebungen‹ angelastet wurden, nicht nur aus, sie verfolgte sie auch. Die lokalen Gestapo-Leitstellen waren befugt, zeitlich unbeschränkte ›Schutzhaft‹, d. h. die Einweisung in ein Konzentrationslager (KZ), zu beantragen. Diese musste vom Reichssicherheitshauptamt bzw. vom Chef der Gestapo nur mehr genehmigt werden. In den KZ war die Gestapo in den gefürchteten ›Politischen Abteilungen‹ präsent.«

DIE GEHEIME STAATSPOLIZEI GESTAPO

Jede Diktatur braucht eine durchsetzungsfähige geheime Polizei mit möglichst gnadenlosen Mitarbeitern, die es verstehen, die Bevölkerung in Angst und Schrecken zu versetzen und das Level der Angst hoch zu halten. Die Geheime Staatspolizei Gestapo wurde im Jahr 1933 nach dem Machtantritt Adolf Hitlers gegründet. Gestapo-Mitarbeiter konnten nach Gutdünken gegen die von ihnen ernannten Feinde vorgehen; niemand kontrollierte sie, sie konnten agieren, wie es ihnen beliebte und sie genossen Sonderrechte. Die von ihnen Verhörten hingegen genossen überhaupt keine Rechte mehr. Selbst wenn sie sich gegen die Misshandlungen zur Wehr setzen wollten – wem sollten sie es erzählen? Wer würde ihnen Glauben schenken, in ihrer Zelle?

Wer als Bürger vom NS-Staat als Staats- oder Volksfeind eingestuft wurde, hatte keine fröhlichen Stunden mehr. Zu den Feindbildern der Nationalsozialisten zählten Jüdinnen und Juden, politisch andersdenkende Menschen, Bürgerinnen und Bürger, die gegen die Regeln des NS-Staates verstießen, Zwangsarbeiterinnen und Zwangsarbeiter sowie Mitglieder sozialer Randgruppen. Wollten die Nazis jemanden einschüchtern oder ausschalten, fand sich immer ein Weg.

In der ARD-Dokumentation »1933- Folterkeller im Wohnquartier« aus dem Jahr 2022 wird der Frage nachgegangen, wie und wo die Nationalsozialisten Menschen folterten. Im Deutschen Reich wurden nach der Machtübernahme der Nazis schnell Konzentrationslager und Folterkeller eingerichtet. Den Anfang machte Berlin und die Folterkeller wurden ganz bewusst in der Stadt eröffnet. Es sollte sich unter der Bevölkerung herumsprechen, was jenen blühte, die sich gegen das neue Regime stellten. Als Orte wählen die Nazis ganz bewusst jene, die die

Bevölkerung bislang als friedliche Plätze wahrgenommen hatte, darunter Schulen oder Gewerkschaftshäuser.

Im Wasserturm im Berliner Bezirk Prenzlauer Berg richtete die SA im Maschinenhaus einen Folterraum ein, einen von rund hundert, die in der ganzen Stadt verteilt waren. In der Hegelschule in Bochum brachten Hitlers Mitarbeiter im Juli 1933 den jüdischen Kaufmann Albert Ortheiler nach Folter um. SS und SA konnten nach Gutdünken handeln, wenn die Schreie der Opfer von Nachbarn oder Passanten gehört wurden, umso besser. Es war den Folterknechten egal. Sie hatten nichts zu befürchten.

Und so dachten sie sich grausame Spielchen aus, um die Menschen zu quälen. Ein Beispiel dafür ist das sogenannte »Torstehen«. Dabei muss das Opfer mehr als eine halbe Stunde lang mit erhobenen Armen im Freien stehen. Wer diese Körperhaltung jemals auch nur eine Minute ausprobiert hat, weiß, wie anstrengend das ist, besonders dann, wenn man ein geschwächter KZ-Häftling ist.

Mitleid kannten die Nazis nicht. Wer keine Kraft mehr hatte und die Arme sinken ließ oder gar umkippte, wurde so lange verdroschen, bis er wieder aufstand – oder starb.

DAS PRINZIP ANGST

Widerstandskämpfer waren der Gestapo ein besonderer Dorn im Auge. Es galt, sie zu erkennen und mit allen Mitteln zu bekämpfen.

Das Prinzip Angst funktionierte während der NS-Zeit wie zu allen Zeiten in allen Diktaturen. Schon der Gedanke, dass man mit der politischen Führung als Bürger unzufrieden war, sollte ausgeschaltet werden. Dies funktioniert am besten, wenn man

Menschen, die zum Widerstand bereit sind, schon eingeschüchtert, bevor sie ihre Gedanken in die Tat umsetzen. Die Mitläufer wiederum sind willige Helfer. In ihnen setzt man die Saat der Hoffnung, auch als kleiner Bürger in einer Diktatur Bedeutung erlangen zu können. Natürlich nicht allzu viel, die besten Posten bekommen andere. Aber wer die Augen und Ohren offen hält, wird belohnt. Insbesondere dann, wenn er andere an die Polizei verrät, wachsam ist. So ist gewährleistet, dass niemand mehr sicher sein kann, ob der beste Freund tatsächlich ein Freund ist und ob die Nachbarin, die früher so nett war, es auch unter den Bedingungen einer Diktatur bleiben wird.

Alle sind auf der Hut. Viele haben Angst.

Wer verhaftet wird, ist ein Beleg dafür, dass die Staatspolizei sich auf ihr Geschäft versteht. Jeder Mensch, der in einer Diktatur abgeholt und ins Gefängnis gebracht wird, ist ein »Beweis« dafür, dass es – aus Sicht der politischen Führung – schlau ist, sich brav im Sinne der Obrigkeit zu benehmen. Und wer als Spitzel tätig ist oder Nachbarn und Freunde denunziert, ist in einer Diktatur plötzlich kein verabscheuungswürdiger Verräter mehr, sondern ein Held. So funktioniert Diktatur – so funktioniert Angst.

Auch meine Tante und mein Onkel werden diese Angst gehabt haben. Sie haben sie überwunden, das zeichnet sie aus.

HÄFTLINGE WURDEN
IN KELLER-ZELLEN MISSHANDELT

Das Gebäude auf dem Wiener Morzinplatz von damals gibt es heute nicht mehr. Es war das Luxushotel »Métropole« (auch: »Hotel Metropol«), erbaut 1873. Der amerikanische

Schriftsteller Mark Twain (»Tom Sawyer und Huckleberry Finn«) gehörte zu den prominenten Gästen. Ab 1888 verbrachte er hier einen 20-monatigen Wien-Aufenthalt.

Während des Dritten Reichs war das elegante Hotel ein Ort der nackten Angst. Nach dem »Anschluss Österreichs« wurde es im Jahr 1938 für die Gestapo beschlagnahmt. Es durfte fortan nicht mehr »Hotel Metropol« genannt werden.

Die Gestapo richtete im Keller Zellen ein. Im Rahmen von Verhören wurden Häftlinge zum Teil schwer gefoltert, psychisch und physisch misshandelt. Viele Häftlinge wurden zum Teil monatelang in den ehemaligen Hotelzimmern festgehalten. Sie mussten strenge Regeln einhalten, durften zum Beispiel nur unter Bewachung die Toilette auf dem Hotelgang nutzen.

Wurde ein Fenster des Hotelzimmers geöffnet, musste der Häftling sich so postieren, dass man ihn aus gegenüberliegenden Gebäuden nicht sehen konnte. Niemand sollte Zeuge der Methoden der Gestapo werden, auch nicht zufällig.

Im Jahr 1945 wurde das »Metropol« bei einem Bombenangriff stark beschädigt, das Gebäude fiel einem Brand zum Opfer. Die Ruine wurde nach dem Zweiten Weltkrieg, im Jahr 1948, abgerissen. Auf dem Grundstück des ehemaligen Luxushotels befindet sich heute eine Wohnhausanlage.

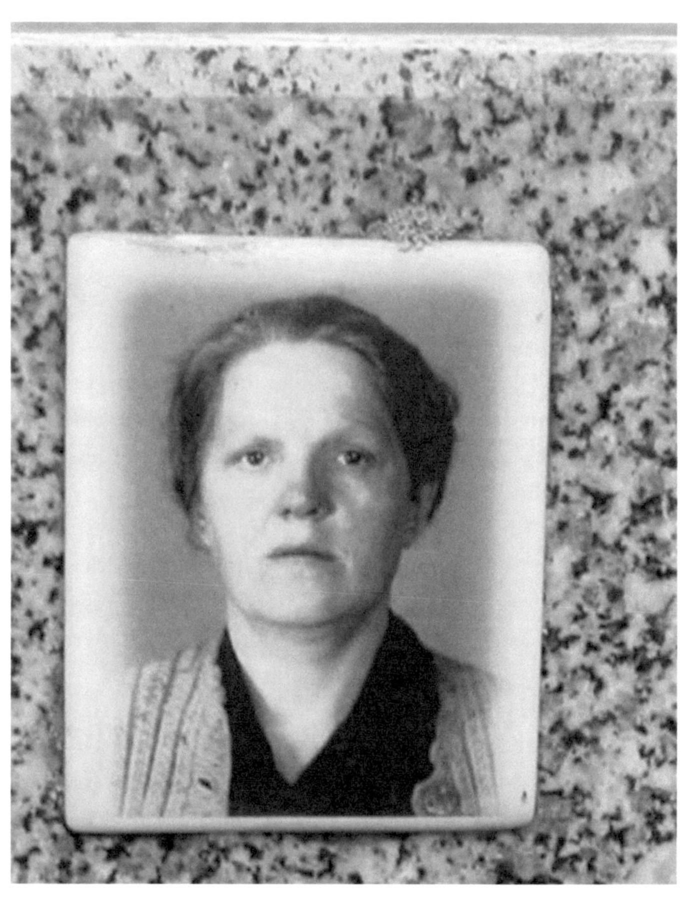

Rosalia Graf (1897-1944)

Ihre letzte Ruhe fand Rosalia Graf gemeinsam mit ihrem Ehemann Johann Graf und politischen Mitstreitern in der Gruppe 40 auf dem Wiener Zentralfriedhof

Rosalia Graf wurde in Breitenbrunn im Burgenland geboren. Dort erinnert nichts an die Widerstandskämpferin, die ermordet wurde

Rosalia Graf ging nach Wien, wo sie gemeinsam mit Freunden politisch aktiv wurde. Das Foto zeigt den Stephansdom in Wien.

In diesem Haus in der Wiener Johnstraße wohnte das Ehepaar
Graf, bis es am 15. Juli 1942 wegen des »Verdachts auf Vorbereitung zum Hochverrat« festgenommen wurde

Dieses Mahnmal gegen Krieg und Faschismus von Alfred
Hrdlicka steht seit 1988 neben der Albertina in Wien

Die berühmte Hofburg in Wien – ein Ort der Stadt, der sich
seit Rosalia Grafs Zeiten nicht verändert hat

Blick in die Personalakte Johann Grafs, der als Friedhofsmit-
arbeiter für die Gemeinde Wien tätig war

Der Morzinplatz in Wien: Hier stand das Haus der Gestapo, in dem Rosalia und Johann Graf vernommen und fotografiert wurden

Der Hinrichtungsraum im Wiener Landesgericht. Hier wurden Rosalia und Johann Graf am 21. Juni 1944 gemeinsam mit anderen Widerstandskämpfern hingerichtet

»Niemals vergessen- seid wachsam!« – auf diesen Tafeln sind die Namen jener Menschen vermerkt, die von den Nationalsozialisten ermordet wurden

Auf diesem Gitter landeten das Blut und die Köpfe der Hingerichteten. Heute legen Menschen hier Blumen zum Gedenken an die Toten nieder

Der Hinrichtungsraum in der Gedenkstätte Plötzensee in
Berlin. Hier wurden Elise und Otto Hampel hingerichtet. Das
Ehepaar im Widerstand war Vorlage für Hans Falladas Roman
»Jeder stirbt für sich allein«

Die Journalistin und Schriftstellerin Silvia Meixner begab sich
für dieses Buch auf die Suche nach Lebensspuren von Rosalia
und Johann Graf

KAPITEL 13

FRIEDRICH FORSTHUBER, PRÄSIDENT DES WIENER LANDESGERICHTS: »ES IST EIN PRIVILEG, IN EINER DEMOKRATIE ZU LEBEN«

Friedrich Forsthuber wusste schon als kleiner Bub, was er später werden wollte: Richter. »Mein Vater war Staatsanwalt, ich hatte deshalb sehr früh eine Vorstellung davon, was Justiz bedeutet«, sagt er. Heute ist der 1963 in Wien geborene Jurist und Strafrichter Präsident des Landesgerichtes für Strafsachen Wien und engagiert sich unermüdlich für Demokratie und Rechtsstaat, aber auch für die Erinnerung an die dort während der NS-Zeit zum Tode verurteilten und hingerichteten Menschen.

Einmal im Monat finden im Landesgericht öffentliche Führungen statt, die die Unmenschlichkeit der nationalsozialistischen Justiz in diesem Haus dokumentieren. Ein Raum, in dem alle still werden, ist der ehemalige Hinrichtungsraum. Schüler, die vorher noch in den Gängen des Landgerichts fröhlich herumgealbert haben, bekommen ernste und betroffene Gesichter, wenn Friedrich Forsthuber von einzelnen Schicksalen und dem Leben der Häftlinge im Dritten Reich, von ihren ungerechten Urteilen und ihrem Warten auf den unausweichlichen Tod, erzählt.

»Die zum Tode Verurteilten kamen in die sogenannten Köpfler- Zellen«, sagt er. Es bedurfte oft nicht viel, um den Zorn der Nazis zu erregen, inhaftiert und zum Tode verurteilt zu werden.

Die Hälfte der 1200 hier Hingerichteten waren Widerstandskämpfer, die die Ungerechtigkeiten der NS-Diktatur nicht hinnehmen wollten und zum Beispiel Protest-Flugblätter hergestellt und verteilt hatten. Oder den falschen Menschen gegenüber ihre politische Meinung kundgetan hatten. Von dort war es nur ein kurzer Weg bis zum Verrat und die Verhaftung durch die Gestapo.

»BIN ICH HEUTE DABEI?«

»Sechs Stunden vor der Hinrichtung haben die Delinquenten davon erfahren«, erzählt Forsthuber. Dann wurden die Häftlinge in eine Sonderzelle gebracht, ihnen blieb noch Zeit für ein paar letzte Briefe an ihre Lieben, für ein letztes Gespräch mit einem Geistlichen, für ein letztes Essen, wenn man angesichts des sicheren Todes überhaupt noch an Essen denken konnte.

Die Namen derer, die an dem betreffenden Tag in den Hinrichtungsraum geführt werden sollten, wurden von einem Wärter ausgerufen. Niemand wusste vorher, wen es an diesem Tag treffen würde. Einige, die das Grauen überlebt hatten, erinnerten sich später an diese immer wiederkehrenden Momente des Schreckens. Die bange Frage »Bin ich heute dabei?« verfolgte viele bis in den Schlaf. An manchen Tagen wurden bis zu 35 Menschen im Drei-Minuten-Rhythmus hingerichtet.

Als der Widerstandskämpfer, Lyriker und Theologiestudent Hanns Georg Heintschel-Heinegg (1919-1944) eines Tages in seiner Zelle seinen Namen hörte, wusste er, was passieren würde. So oft hatte er schon miterleben müssen, wie Mithäftlinge aus dem Todestrakt ihren letzten Gang ins Erdgeschoss antraten. Nun war also auch sein letzter Tag gekommen.

Heintschel-Heinegg schrieb Abschiedsbriefe, zählte Stunde um Stunde, versuchte vermutlich, seine Angst zu bezähmen. Als er im Hinrichtungsraum ankam, teilte ihm ein Gefängniswärter mit, dass sein Name gar nicht auf der Liste stehe. Ein Irrtum war passiert, vom wem auch immer. Also musste der Häftling wieder zurück in die Todeszelle. Es muss eine grauenhafte seelische Qual gewesen sein, gefolgt von Erleichterung – und neuerlicher Angst, denn schon am nächsten Tag hätte es wieder so weit sein können. »Am Ende wurde er einige Monate später dann doch hingerichtet«, erzählt Forsthuber.

Auf großen goldenen Tafeln sind, sortiert nach Jahreszahlen, etwa 530 Namen eingraviert (aufgrund eines vor 50 Jahren verengten Widerstandsbegriffs fehlen die Deserteure), Namen von Menschen, die ihr Leben im Kampf gegen den Nationalsozialismus verloren. Darüber steht Schwarz auf Gold: »Niemals vergessen – Seid wachsam!« und darunter: »Sie starben für Österreichs Freiheit.« Hinter jedem Namen verbirgt sich ein Schicksal aus Widerstand, Mut und unausweichlicher Ermordung.

DIE SCHALTZELLE DES ERINNERNS

An dem Teil seiner Arbeit im Wiener Landesgericht, der sich mit der Geschichte befasst, schätzt Friedrich Forsthuber, dass er dabei »die verschiedensten Menschen« kennenlernt, die sich alle mit demselben Thema auseinandersetzen: Ihre Verwandten sind hier während der NS-Zeit hingerichtet worden und sie kommen nach Wien, um den Ort des Todes im Landesgericht zu sehen. Manche kommen, um Blumen niederzulegen, andere planen, ein Buch zu schreiben. Alle eint ein Gedanke: Sie wollen die Geschichte verstehen und dass ihre ermordeten Familienmitglieder nicht vergessen werden. Im Büro des Landesgerichts-Präsidenten sind sie in besten Händen. Hier ist quasi die Schaltzelle des Erinnerns.

Hier erfahren sie Details zur grausamen Geschichte des imposanten Gebäudes, in dem sie sich gerade befinden und in dem täglich Strafprozesse durchgeführt werden und damals wie heute Häftlinge einsitzen. Der gewaltige Unterschied: Jenen in Österreich des 21. Jahrhunderts wird ein fairer Prozess gemacht, jenen im Dritten Reich war dieses Menschenrecht nicht vergönnt. Sie waren der Willkür der Diktatur gnadenlos ausgeliefert.

»Auch bei Führungen treffe ich immer wieder Menschen, die erzählen, dass ihr Großvater oder ihre Großmutter hier hingerichtet wurden«, erzählt Forsthuber, »es ist gar nicht so selten, dass sie das erst vor kurzem erfahren haben, etwa auf dem Sterbebett eines Verwandten.« Dann bleibt keine Zeit mehr, dem Zeitzeugen Fragen zu stellen. Viele begeben sich deshalb auf die Suche nach der Familiengeschichte. Denn in vielen Familien waren die Geschichten um die hingerichtete Tante oder den von den Nazis ermordeten Großvater ein Tabu. Nach dem Krieg, als die Macht der Nazis noch in vielen Menschen nachwirkte, wurden die Hingerichteten nicht immer als das gesehen, was sie waren: Helden.

EINFACH DEN MUND HALTEN?

Viele einflussreiche Posten in Politik, Wirtschaft und Kultur waren an ehemals mächtige Menschen im Zweiten Weltkrieg vergeben; viele Nachfahren von Opfern dachten, es sei deshalb das Beste, wenn man den Mund hielt. Die Diktatur, inzwischen längst Geschichte, vermochte es also immer noch, Macht über Menschen auszuüben.

Die Angehörigen der Widerstandskämpfer wurden in der österreichischen Gesellschaft noch lange Zeit nach Ende des

Krieges als Saboteure oder Feiglinge geächtet. Andere Nachfahren wiederum wussten schlicht nichts von dem, was passiert war oder es gab nur Gerüchte und kaum Möglichkeiten, die Tatsachen nachzuprüfen. Häufig geriet das Thema dann in Vergessenheit.

Friedrich Forsthuber erzählt: »In einem Fall sagte man den Hinterbliebenen eines Hingerichteten, dass sie sich nicht darüber aufregen sollten. Schließlich sei er den tapferen Soldaten in den Rücken gefallen.« Die österreichische Gesellschaft tat sich lange Zeit nach dem Krieg noch schwer damit, eine sachliche Aufarbeitung des Themas des Widerstands anzugehen. »Das Problem ist, dass der Widerstand ebenso wie die Aufarbeitung des NS-Unrechts oft untergegangen ist. Man wollte die Altnazis nicht vergraulen, es war ja doch Wählerpotenzial«, erläutert Forsthuber.

Er erzählt die Geschichte der Niederländerin Frances Sanders, die auf der Suche nach dem Schicksal ihres Großvaters nach Wien kam. Jacob Dirkmaat war Kaufmann und verliebte sich hier in die Wienerin Mimi. Er handelte anfangs am Naschmarkt mit Obst und Gemüse und gründete schließlich ein Unternehmen, das alte Stoffe aufkaufte und daraus kostbare Garne herstellte. Dabei handelte er auch mit einem Juden. »Ein Kompagnon des Großvaters war Nazi und er wollte die Firma für sich alleine haben«, erzählt Forsthuber. Ihm war jedes Mittel recht. Dass Dirkmaat mit Juden Geschäfte machte, legten ihm die Nationalsozialisten als »Bereicherung« aus, als »Kriegsgewinnler« wurde er zum Tode verurteilt und im Wiener Landesgericht hingerichtet. Das florierende Unternehmen bekam der Nazi-Kompagnon.

Es ist still geworden während der Führung im Hinrichtungsraum. Die Stühle reichen nicht aus, einige Schülerinnen und

Schüler sitzen auf dem Fußboden. Die Geschichten, die Friedrich Forsthuber hier erzählt, machen die Zuhörer sichtlich nachdenklich. Niemand schaut auf sein Smartphone, um mal eben die neuesten Nachrichten zu checken. Dieser Ort scheint seinen Besuchern keine Ablenkung zu gönnen. Er braucht all ihre Gedanken, hier und jetzt. 1200 Menschen wurden hier in den Jahren 1938-1945 grausam ermordet. Darunter waren über 600 Widerstandskämpfer und Widerstandskämpferinnen gegen den Nationalsozialismus. Wo sie mit dem Fallbeil hingerichtet wurden, befindet sich heute eine Gedenkstätte. Der Raum war vor seiner Bestimmung als Hinrichtungsstätte ein Lagerraum.

Nach dem staatlichen und politischen »Anschluss« im Jahr 1938 brachten die Nationalsozialisten eine Guillotine, das sogenannte »Gerät F« nach Wien. Der Raum, in dem die Hinrichtungen vollzogen wurden, ist erhalten geblieben und in einigen brutalen Details bis heute unverändert. Altar, Gedenktafeln und Stühle für die Besucher wurden hinzugefügt.

Links befinden sich bis etwa Schulterhöhe eines Menschen cremefarbene Kacheln, die es erleichtern sollten, Blutspritzer der Hingerichteten wegzuwaschen. Aus der Wand ragt ein Wasseranschluss.

Dort, wo die Guillotine stand, gibt es bis heute eine – nun mit einem Metallgitter abgedeckte – schalenförmige Betonwanne. Der Kopf des soeben Hingerichteten fiel in die Wanne mit Abfluss, die auch das Blut auffangen sollte, das dabei entstand. Heute legen Menschen Blumen auf dem Gitter ab und stellen Kerzen auf. Bunte Fenstergläser tauchen das Licht in eine versöhnliche Stimmung.

SCHWESTER MARIA RESTITUTA – EIN OPFER DER DIKTATUR

Ein Kreuz und ein kleiner Altar erinnern an heute stattfindende Gedenkmessen und an Schwester Maria Restituta, die 1894 als Helene Kafka geboren wurde. Nach einer Ausbildung zur Krankenschwester an einem Wiener Krankenhaus trat sie dem Orden der Franziskanerinnen von der christlichen Liebe (»Hartmannschwestern«) bei und arbeitete als OP-Schwester und Narkotiseurin. Sie war Gegnerin des Nationalsozialismus und tat dies auch häufig und öffentlich kund. Kollegen verliehen ihr wegen ihrer direkten Art den Spitznamen »Schwester Resoluta«.

Diese Unbeirrbarkeit sollte sie ihr Leben kosten: Die Schwestern hatten ohne Genehmigung der Spitalsleitung Kruzifixe an den Wänden der OP-Säle angebracht. Dr. Lambert Stumfohl, ein regimetreuer Chirurg, mit dem sie zusammenarbeitete, war damit nicht einverstanden. Es kam zum Streit.

Als Schwester Maria Restituta ein regimekritisches Soldatenlied vervielfältigte, meldete der Arzt dies der Gestapo. Im Februar 1942 wurde die Schwester verhaftet. Am 30.3.1943 wurde sie wegen »Feindbegünstigung und Vorbereitung zum Hochverrat« gemeinsam mit neun kommunistischen Widerstandskämpfern im Wiener Landesgericht hingerichtet. Im Jahr 1998 wurde sie anlässlich des Besuches von Papst Johannes Paul II. in Wien seliggesprochen – als erste Märtyrerin der Erzdiözese Wien.

DIE LETZTE DEMÜTIGUNG

Um die Leichen der Hingerichteten schnell abtransportieren zu können, lagerten die Nazis im Nebenraum der Guillotine die entsprechende Anzahl von Särgen. Als letzte Demütigung wurde den Toten der soeben abgetrennte Kopf zwischen die Beine gelegt. Ein würdiges Begräbnis war für die toten Feinde der Diktatur nicht vorgesehen. Die Leichenteile vieler Hingerichteter wurden in das Anatomische Institut gebracht, wo sie von Studenten seziert wurden oder für wissenschaftliche Zwecke begutachtet wurden. Danach brachte man sie zum Wiener Zentralfriedhof, wo sie lieb- und formlos in Schachtgräbern (in der Gruppe 40, die heute nationale Gedenkstätte ist) bestattet wurden.

Die Guillotine ist längst abtransportiert worden, sie befindet sich heute in einem Kriminalmuseum. Nach dem Zweiten Weltkrieg haben sich Widerstandsgruppen und Opferverbände dafür eingesetzt, dass der Hinrichtungsraum nicht wieder als Lagerraum verwendet wurde. Der Raum ist heute eine Gedenkstätte. Hier hört man kein lautes Wort, Friedrich Forsthuber versucht, die bedrückenden Tatsachen zu erzählen und einzuordnen.

»Die Prozesse, die damals hier stattfanden, waren eine Farce«, sagt er. Das Erinnern und oft verkündete »Nie wieder« ist ihm ein Herzensanliegen. »Ich frage bei Führungen immer: Warum sind diese Räume des Gedenkens wichtig? Warum wurde aus dem Hinrichtungsraum nicht einfach wieder ein Lagerraum? Die Antwort ist: Solche Räume lassen uns erfahren, welches Privileg es ist, in einer Demokratie zu leben und nicht in einer Diktatur, die Menschen im Extremfall unter die Guillotine bringen kann. Man sollte sich stets bewusst sein, dass Freiheit und Demokratie erkämpft werden mussten. Es bedarf ihr gegenüber Beziehungsarbeit, wie bei einem menschlichen Partner, sonst kann die Beziehung erkalten. Wenn ich nicht für den demokratischen Rechtsstaat eintrete, wird das Vertrauen in ihn und seine Institutionen schnell verlorengehen. Wenn das passiert, ist es meist zu spät. Wenn die Demokratie verloren geht, ist es wie mit der Atemluft. So lange sie da ist, hält man sie für selbstverständlich – erst wenn sie verschwunden ist, merkt man schnell, dass sie fehlt.«

WARNUNG VOR DER DIKTATUR

Forsthuber warnt davor, was in Unrechtsregimen geschieht: »Es gibt Menschen, die sich mit einer Diktatur sehr gut arrangieren. Diese hatten vorher keinen Einfluss und melden sich dann plötzlich für Stellen, in denen sie trotz wenig Bildung plötzlich einen hohen Rang einnehmen. Ein Beispiel waren KZ-Wärter oder SS-Offiziere. Nur manche, die bereitwillig mitmischten, waren Sadisten oder Psychopathen, viele aber waren vor und nach der NS-Zeit biedere Bürger, die jedoch im Krieg zu Bestien wurden.

Sein Rat an die vielen jungen Menschen, die zu seinen Führungen ins Wiener Landesgericht kommen: »Es ist mir wichtig zu zeigen, dass Demokratie, Menschenrechte und Rechtsstaat nicht vom Himmel gefallen sind, dass sie eine Geschichte haben und es auch immer wieder Rückschläge gab. Und dass mutige Menschen immer wieder für diese Werte auf die Straße gingen – und gehen. Politische Bildung ist wesentlich! Dann wird man Rattenfängern und Populisten kein Vertrauen schenken.«

KAPITEL 14

EIN HAUS DER ANGST

Jahrelang bin ich zweimal täglich am Wiener Landesgericht in der Straßenbahn vorüber gefahren: In der Früh auf dem Weg in die Schule, nachmittags auf dem Weg nach Hause. Damals war es noch nicht renoviert, es war ein alter, bedrohlich aussehender Kasten, man nannte ihn ehrfurchtsvoll das »Graue Haus«. Ich ahnte nicht, dass dieses furchteinflößende Haus etwas mit meiner Familie zu tun hatte; das sollte ich erst viel später im Leben erfahren.

Es wirkte immer bedrohlich auf mich und wenn es regnete, war es ein absolut trostloser Ort. Es war und ist ein Gebäude, mit dem man lieber nichts zu tun hat. Denn ist man Insasse, hat man gegen die Gesetze verstoßen und wartet auf bessere Zeiten. Und wer nicht dort arbeitet, besucht vielleicht einen Häftling, was auch kein erfreuliches Unterfangen ist. Also besser schnell mit der Straßenbahn daran vorbeifahren ...

Andererseits war und ist es, die längste Zeit seines Bestehens, auch ein Haus der Gerechtigkeit. Hier sitzen derzeit Menschen ein, die ein faires Gerichtsverfahren hatten und nun ihre Strafe absitzen, die sie hoffentlich als gerecht empfinden und aus der sie im Idealfall Lehren ziehen.

Das war nicht allen Menschen vergönnt.

Hier waren in den Jahren des Nazi-Regimes hunderte Menschen

inhaftiert, die gegen diese brutale Herrschaft angekämpft und
»verloren« hatten. Man hatte sie enttarnt, verraten, von der Gestapo verhört und schließlich ins Landesgericht gebracht. Hier
warteten sie meistens lange Monate auf ihren Prozess. Auf Gerechtigkeit durften sie nicht hoffen, die Justiz handelte im Sinne
der Nationalsozialisten und denen ging es nicht um Recht, sondern um Rache.

EIN GNADENGESUCH
WÄRE SINNLOS GEWESEN

Wer hier zum Beispiel wegen »Hochverrat« einsaß, konnte sich
ausrechnen, dass er die Welt draußen niemals mehr lebend sehen
würde. Auch meine Tante Rosalia Graf und mein Onkel Johann
Graf gehörten hier zu den Inhaftierten. Sie verbrachten lange
Tage und vermutlich noch längere Nächte in ihren Zellen. Ich
weiß nicht, ob sie ein Gnadengesuch eingereicht haben, es hätte
ihnen vermutlich auch nichts geholfen, denn diese wurden meistens abgelehnt.

Adolf Hitler persönlich hätte sie nämlich begnadigen müssen
und das erscheint angesichts des Umstands, dass die Widerstandskämpfer ihn vernichtet sehen wollten, unwahrscheinlich.
Man sagt oft leicht dahin, dass die Hoffnung zuletzt stirbt und
ich wünsche all jenen, die hier hingerichtet wurden, dass sie tatsächlich bis zuletzt ein Fünkchen Hoffnung in sich trugen, das die
Qualen der Haft und des bevorstehenden Todes in irgendeiner
Form erträglich machten. Vielen half der Glaube, ich weiß nicht,
ob Rosalia und Johann Graf gläubig waren. Von Rosalia Graf
wissen wir, dass sie aus der katholischen Kirche ausgetreten ist.

Ab 1868 war es in Österreich möglich, offiziell aus der
Kirche auszutreten und konfessionslos zu leben. Nach dem

»Interkonfessionellen Gesetz« hatten Kinder unter sieben Jahren automatisch den Glauben ihrer Eltern, uneheliche Kinder den der Mutter. Ab 14 Jahren konnten Menschen dann selbst entscheiden, welche Religion sie sich zugehörig fühlten. Auch eine Entscheidung gegen den Willen und Glauben ihrer Eltern war per Gesetz möglich.

Viele Menschen verließen die katholische Kirche in Deutschland und Österreich in den Jahren 1936-1940. Große politische Ereignisse und Umwälzungen beeinflussen den Glauben beziehungsweise die Bereitschaft, öffentlich dazu zu stehen oder sich neu zu positionieren. So gab es auch in den Jahren 1968 und danach sowie nach 1989 auffällig viele Austritte aus der katholischen Kirche. Umgekehrt gab es auch Wellen von Kircheneintritts- und Wiedereintrittsbewegungen, zum Beispiel nach dem Zweiten Weltkrieg 1945.

Rosalia und Johann Graf wurden am 15. Juli 1942 von der Gestapo in ihrer Wohnung verhaftet. Ein Jahr zuvor, im Juni 1941, hatten sie ihren Beitritt zur KPÖ unterzeichnet. In der Nacht zum 1. Mai 1942 beteiligten sich Rosalia und Johann Graf an einer Flugblattaktion. Am 15. Juli 1942 wurden sie wegen des »Verdachts auf Vorbereitung zum Hochverrat« festgenommen und in die Wiener Gestapo-Zentrale gebracht.

Die Anklage erfolgte am 22. Dezember 1943, fast eineinhalb Jahre nach der Festnahme. Was müssen das für quälende Monate für die beiden gewesen sein, denke ich mir, als ich vor dem ehemals grauen, nun neu renovierten Gebäude stehe. Es sieht jetzt heller und freundlicher aus, aber sein Zweck ist der selbe geblieben.

Weitere vier Monate vergingen für die Grafs bis zum Urteilsspruch. Am 14. April 1944 wurden sie und ihre politischen

Mitstreiter – Therese und Karl Dworak, Emilie Tolnay und Anton Tolnay – vom Volksgerichtshof wegen »Vorbereitung zum Hochverrat und Feindbegünstigung« zum Tode verurteilt.

LETZTE TAGE

Ich frage mich, ob sie in ihren letzten Stunden noch einmal mit einem Geistlichen, der den Häftlingen zur Verfügung stand, gesprochen haben. Ob es ihnen ein Bedürfnis war, über Schuld und Vergebung zu sprechen, ob sie letzte Botschaften an Verwandte oder Freunde hatten. Ob Tante Rosalia trotz ihres Kirchenaustrittes angesichts des Todes noch einmal kirchlichen Beistand gewünscht hat. Ich wüsste auch gern, wer sie in den Monaten der Haft möglicherweise besucht hat. Es gibt keine Belege dafür.

Am 21. Juni 1944 wurden Johann und Rosalia Graf binnen weniger Minuten mit dem Fallbeil hingerichtet. An diesem Tag wurden im Wiener Landesgericht vierzehn Weitere Widerstandskämpfer von den Nationalsozialisten ermordet. Emilie Tolnay wurde am 5. Juli 1944 geköpft. Ihr Ehemann Anton erhielt zehn Jahre Zuchthaus.

Im Katalog »Geschichte des Grauen Hauses« lese ich online, dass die Installierung der Guillotine im Wiener Landesgericht im Jahr 1938 erfolgte. »Effizient« und »sauber« sollten die Geräte sein, mit denen man Verurteilte ins Jenseits beförderte. Gleich nach dem »Anschluss« Österreichs an Deutschland begann man mit der Planung. Das Gerät für Wien wurde im Gefängnis Berlin-Tegel hergestellt, das Budget für die Konstruktion lag bei rund 550 Reichsmark. Am 6. Dezember 1938 wurde der erste Mensch in Wien damit hingerichtet, es war Martha Marek.

Die Geschichte der österreichischen Serienmörderin hielt die

Wienerinnen und Wiener jahrelang in Atem. Als junge Frau hatte sie von einem 50 Jahre älteren Mann eine Villa in Wien und viel Geld geerbt. Wenig später heiratete sie einen jungen Mann, mit dem sie das Erbe binnen zwei Jahren verjubelte. Danach waren die beiden mittellos, ehrbare Arbeit stand nicht ganz oben in ihrer Lebensplanung.

Es musste also neues Geld her, möglichst ohne viel Aufwand. Martha schloss eine hohe Lebens- und Unfallversicherung ab, und schon am nächsten Tag trat ein angeblicher Versicherungsfall ein. Ihr Ehemann gab an, beim Holzhacken sein Bein erst verletzt und schließlich verloren zu haben. Die Versicherungsgesellschaft wurde misstrauisch, untersuchte den Fall und entschied, nichts zu bezahlen. Während ich Texte um diesen Fall lese, frage ich mich, ob es nicht ungleich angenehmer gewesen wäre, doch etwas Ehrbares zu arbeiten, um zu Geld zu gelangen.

Die gut aussehende Martha ging an die Presse, erzählte dramatisch ihren Fall und eroberte die Herzen der Leserschaft mühelos. Der Fall ging vor Gericht, der Gerichtsmediziner konnte zweifelsfrei belegen, dass Marthas Ehemann sich die Verletzungen selbst beigebracht hatte. Trotzdem gelang es Martha, die Öffentlichkeit auf ihre Seite zu ziehen. Die Versicherung gab schließlich klein bei und erklärte sich bereit, einen großen Teil der von Martha verlangten Geldsumme zu überweisen.

Die »Neue Freie Presse« berichtete am 28. März 1927 über den Prozessbeginn folgendermaßen: »Überraschend ist ihre Erscheinung, die einer auffallend schönen Frau. Das weiß gepuderte Gesicht ist vollkommen regelmäßig und durchscheinend, wie es bei hochblonden Blondinen der Fall ist. In zwei dicken Strähnen liegt das Haar von goldroter Farbe wie eine Krone auf dem Kopfe. Ihre Erscheinung ist zart, sie trägt einen hellen, eleganten Mantel.«

Martha Marek musste trotz ihres Erfolgs im Prozess gegen die Versicherung für kurze Zeit ins Gefängnis, da sie versucht hatte, im Rahmen des Gerichtsprozesses den Gerichtsmediziner zu bestechen. Dort sollte sie ihre Meisterin treffen. Marek landete zufällig in der Doppelzelle, in der Leopoldine Lichtenstein, eine verurteilte Giftmöderin, ihre Strafe absaß. Sie hatte im Jahr 1925 ihren Mann mit der Rattengiftpaste »Zelio« vergiftet. Marek hörte die Geschichte wohl mehrfach – und merkte sie sich offenbar gut.

Wieder in Freiheit verbrauchte sie mit ihrem Mann die ausgezahlte Versicherungssumme – und irgendwann waren die beiden wieder pleite. Eine neue Idee musste her. Die sollte Ehemann Emil nicht mehr erleben, er starb 1932. Wie immer richtete sich Martha Marek in ihrem Leid an die Öffentlichkeit, erfuhr viel Mitgefühl und erhielt sogar finanzielle Spenden. Quasi »Erste Hilfe« kam von Susanne Löwenstein, einer wohlhabenden Tante von Marek, die sie als Universalerbin einsetzte und kurz darauf verstarb.

Marek braucht auch ihr Erbe rasch auf und suchte nach neuen Lösungen. Als die Schneidermeisterin Felicitas Kittenberger bei ihr als Untermieterin einzog, kam der Witwe eine neue Idee. Ein bisschen Miete war zwar gut, aber sie brauchte mehr Geld. Sie überredete die neue Mitbewohnerin, eine Lebensversicherung zu ihren Gunsten abzuschließen. Wenig später war Felicitas Kittenberger tot. Und Marek neuerlich reich. Ihre Pläne wären aufgegangen, hätte es nicht den Sohn der Toten gegeben, dem die Umstände des Todes seiner Mutter merkwürdig vorkamen. Er ging zur Polizei und veranlasste Ermittlungen.

Nicht nur die Schneidermeisterin, sondern auch weitere Tote wurden exhumiert. Das Ergebnis: Marek hatte vier Opfer mit der giftigen Zelio-Paste unter die Erde gebracht. Wieder kam sie ins

Wiener Landesgericht, diesmal sollte sie nie wieder in Freiheit gelangen. Sie simulierte Anfälle und Blindheit, ließ sich in einem Spezialstuhl in den Gerichtssaal tragen. Doch alle Finten und Versuche, das Gericht zu täuschen, brachten nichts. Sie wurde am 19. Mai 1938 von den Geschworenen zum Tode verurteilt. Verzweifelt stellte sie ein Gnadengesuch an Adolf Hitler. Dieser lehnte es ab. Marek wurde als erstes Opfer mit der neuen Guillotine hingerichtet.

DAS GRAUSAME GESCHICHTSBUCH DES »GRAUEN HAUSES«

Das Geschichtsbuch des »Grauen Hauses« kennt viele Fälle und Insassen, deren Taten uns heute noch erschauern lassen. Im Jahr 1971 beispielsweise wurde der sogenannte »Frauenwürger« berühmt. Er gab sich als falscher Gasmann aus und erlangte mit Charme und unter Vorwand den Zutritt in die Wohnungen bevorzugt älterer, weiblicher Opfer. Er ging dabei so brutal vor, dass fast alle Frauen kurz nach dem Angriff starben. Mit Hilfe eines Phantombildes wurde nach ihm gefahndet. Als er verhaftet wurde, gestand er sieben Morde. Der ehemalige Pfleger in einem Altersheim gab zudem Einbrüche in Villen und Auftritte als falscher Polizist zu, um in fremde Wohnungen zu gelangen.

Ein weiterer Kriminalfall, der in die Geschichtsbücher einging: Josef Weinwurm hasste Frauen. So sehr, dass er sie vernichten wollte und dies auch tat. Als die Wiener von seinen Taten erfuhren, waren sie entsetzt. Oft schlich Weinwurm durch die Straßen der Stadt, beobachtete Frauen und überlegte, wie er sie töten könnte. So fing seine Verbrecherkarriere an. Denn es blieb nicht bei Phantasien.

Am 12. März 1963 sollte sein erstes Opfer sterben. Es war

eine Elevin der Wiener Staatsoper. Die Leiche der zehnjährigen Balletttänzerin Dagmar Fuhrich wurde im Duschraum gefunden. Das Mädchen war mit Messerstichen getötet worden. Wenig später ereigneten sich zwei weitere Messerattentate auf Frauen, die Opfer waren eine US-Studentin und eine Wiener Pensionistin. Im Jahr 1964 wurde Weinwurm zu lebenslangem schweren Kerker verurteilt, der Mörder starb in Haft.

Damals wie heute bin ich irgendwie erleichtert, wenn ich »nur« am Landesgericht vorbeifahre. Zu viele schreckliche Geschichten birgt dieses riesige Haus. Zu den Geschichten vieler Unbekannten ist nun auch die meiner Familie hinzugekommen. Und es gibt ein neues Gefühl beim Vorüberfahren: stilles Gedanken an Rosalia und Johann Graf.

KAPITEL 15

ZEHN EISENBAHNER, HINGERICHTET IN 27 MINUTEN

Ich treffe Armin Zitter in einem Wiener Kaffeehaus. Friedrich Forsthuber, der Präsident des Wiener Landesgerichts für Strafsachen, hat uns zusammengebracht. Ich hatte mich – und ihn – gefragt, ob es in Wien noch weitere Nachkommen von im Dritten Reich von den Nationalsozialisten hingerichtete Menschen gibt, die auf der Suche nach Spuren der Geschichte sind. »Ich bringe Sie mit Armin Zitter zusammen« hatte Friedrich Forsthuber vorgeschlagen und ihn sogleich angerufen.

Und nun sitzen wir hier, im Wiener Cafe Hummel. Obwohl wir einander noch nie begegnet sind, haben wir sofort ein Gesprächsthema. Auch in Armin Zitters Familie klafft eine Lücke: Seinen Großvater Max Ziegler hat der 1949 Geborene nie kennengelernt. Er war Mitglied einer Gruppe tapferer Eisenbahner, die die Macht der Nazis nicht einfach so hinnehmen wollten. Zuerst erfüllten die Eisenbahner, die aus Kärnten und der Steiermark stammten, gehorsam ihre Pflicht. Immer rauer wird der Ton ihres Arbeitgebers, der Deutschen Reichsbahn, und die Eisenbahner beschlossen, sich gegen Unterdrückung und Gewalt aufzulehnen. Sie wussten, dass sie vorsichtig vorgehen mussten. Und dass sie darauf achten mussten, die »richtigen« Kollegen in ihre Pläne einzuweihen. Bei einem Kollegen haben sie sich leider getäuscht. Er erzählt weiter, was er gehört hat und verrät damit die Pläne.

Die Gruppe wird enttarnt, die Mitglieder werden festgenommen. Gestapo-Beamten foltern sie in den Verhören gnadenlos.

Der Vorwurf: Vorbereitung zum Hochverrat, Begünstigung des Feindes. Die sieben Eisenbahner aus Sankt Veit an der Glan und drei aus der Steiermark kommen nach Wien ins Landesgericht, wo auch Tante Rosalia und Onkel Johann einsaßen, bevor sie hingerichtet wurden. Die Eisenbahner sind die ersten politischen Häftlinge, die das Nazi-Regime hinrichten lässt. Am 30. Juni 1942 werden sie – alle am selben Tag, in kurzen Abständen – hingerichtet. 27 Minuten, von 5:00 Uhr bis 5:27 Uhr, dauert die Arbeit des Mannes am Fallbeil. Dann sind alle mutigen Eisenbahner tot.

Der Kärntner Zugführer Zitter hatte heimlich Anfang Juli 1941 über einen »Feindsender« einen Aufruf zur Sabotage an Wehrmachtzügen gehört. Das Hören von Feindsendern war Bürgern streng verboten. Zitter ließ dieser Aufruf wohl nicht mehr los. Natürlich wusste er, dass die Sprecher vom Sender auch ihn gemeint hatten. Er sprach mit zwei Kollegen über das Gehörte, gemeinsam überlegten sie, welche Aktionen möglich wären, um die Nationalsozialisten zu stoppen. Leider hielten sich nicht alle an die Vereinbarung über Verschwiegenheit. Zwei von drei Männer schwiegen. Der dritte erzählte weiteren Kollegen, was er gehört hatte.

MONATELANGES WARTEN
AUF DEN PROZESS

Am 5. Oktober 1941 wurde Zitter verhaftet. Er kam in eine Zelle im Landesgericht Wien, wo monatelanges Warten auf den Prozess begann. Am 25. April 1942 wurde er vom Reichskriegsgericht wegen »Rundfunkverbrechens, erschwerter Vorbereitung zum Hochverrat und Begünstigung des Feindes« zum Tode verurteilt. Sabotagehandlungen konnte ihm das NS-Regime nicht nachweisen, trotzdem blieb der Richter unerbittlich. Insgesamt waren 15 Eisenbahner angeklagt, gegen weitere neun wurde die Todesstrafe verhängt. Es war ein Schauprozess, der den Bürgern Angst einflößen sollte. Alle Gnadengesuche der Verurteilten wurden abgelehnt.

Auszug aus dem Urteilsspruch des Reichskriegsgerichts: »Er unternahm angeblich nichts mehr, um seine Pläne zu verwirklichen. Er tat aber auch nichts, um Auswirkungen seiner Gespräche ...zu verhindern. Er wurde auch nicht tätig, als er später mehrfach hörte, dass auf der Strecke Bruck a.d. Mur- Villach und Klagenfurt tatsächlich Bremsleitungen durch Entfernen der Dichtungsringe und durch Durchschneiden der Schläuche unbrauchbar gemacht wurden, so wie er es besprochen und vorgeschlagen hatte. Die Angeklagten, ..., die die Anschläge entweder selbst durchgeführt oder doch andere zur Verübung von solchen Anschlägen verleitet und aufgereizt haben, werden für ihre Verbrechen mit dem Tode bestraft. In dem jetzigen Krieg, dem Schicksalskampf um Sein oder Nichtsein des Deutschen Volkes, der vollen und unbedingten Einsatz aller zur Erringung des Sieges erfordert, haben sich die Angeklagten gegen ihr Vaterland gestellt.«

Die Reichsbahn war für die Kriegsführung von großer Bedeutung, in Zügen wurden unter anderem Soldaten und Waffen an die Front transportiert. Die Eisenbahner hatten sich für ihren Widerstand Zuggarnituren ausgesucht, die an Bahnhöfen abgestellt waren. Da sie abseits vom Bahnhofstrubel agierten, hofften sie, dass man sie bei ihren Taten nicht beobachten würde. Sie entfernten unter anderem Dichtungsringe, durchschnitten

Bremsschläuche und füllten Sand in Achslager, um die Züge vom Verlassen des Bahnhofs abzuhalten.

Im Roman erzählt Armin Zitter vom Weg seines Großvaters vom Eisenbahner, vierfachen Vater und Nebenerwerbsbauern zum Widerstandskämpfer. In einer Passage ist von seinem Freund Erich die Rede, der als Soldat auf Heimaturlaub von Berlin nach Klagenfurt kam. Er erzählte seinem Freund von seinen Ängsten. Er sollte demnächst Sondertransporte von Jugoslawien nach Deutschland führen. Auszug: »›Den Befehl erhalte ich in den nächsten Tagen, und dann geht es von vorne los.‹

Max schaut ihn ungläubig an.

›Und warum machst du das? Du könntest doch aussteigen. Es ist doch menschenverachtend.‹

›Glaubst du wirklich, die würden mich einfach so ziehen lassen? Ich habe schon zu viel gesehen, was da draußen so alles passiert.‹

…

›In Berlin haben sich mich mit ein paar Eisenbahnern in eine SS-Ausbildungskaserne gesteckt und damit war ich schon mitten drin in dem Vernichtungssystem des Regimes. Zwei Wochen lang wurden wir für den Sondereinsatz getrimmt. Transport von Juden und anderen asozialen Elementen – wie sie sich ausgedrückt hatten. Glaub mir, da habe ich Praktiken gelernt, die wendet man in normalen Situationen nicht einmal bei Tieren an.‹

›Welche Praktiken?‹, will Max wissen.

›Sie haben uns gezeigt, wie man diese Menschen denunziert, ihnen das gesamte Vermögen abnimmt, sie in Ghettos verfrachtet und immer mit einem Hinweis auf Hoffnung hin und her schiebt. Die Menschen wurden in Güterwaggons gepfercht, nachdem ihnen davor vorgelogen wurde, dass sie in ein Lager für Umerziehung in eine neue politisch orientierte Welt geführt werden.

Alle mussten sich fügen, und wenn sie sich wehrten, wurden sie an Ort und Stelle erschossen.«

(aus: »Flieg Schwalbe, flieg ...Ein Eisenbahnerschicksal im Nationalsozialismus von Armin M. Zitter)

FLIEG SCHWALBE, FLIEG ...

Im Vorwort des Buches schreibt Armin Maximilian Zitter: »Ich sitze unter einer Birke am Grab meines Vaters. Vor zwei Monaten, am 22. Jänner 2010 starb er, und sein sanftes Lächeln kommt in meine Erinnerung, als ich die letzten Stunden vor dem Tod seine Hand hielt. Nur ein paar Meter entfernt ruht seine Mutter. Mit erst einundvierzig Jahren verstarb sie im Jahr 1950.

Schwer zu ertragen muss es gewesen sein, als sie nach dem Tod ihres Mannes mit den vier Kindern allein war. Viele hatten nur einen mitleidigen Blick für sie übrig, andere wiederum gingen ihr aus dem Weg; denn sie fühlten sich schuldig – am Tod ihres Gatten, der mit sechs anderen Eisenbahnerkollegen aus der Stadt und drei aus der Steiermark am 30. Juni 1942 hingerichtet wurde.

Nicht zu übersehen, – etwas rechts vom Grab meines Vaters- erhebt sich das Mahnmal mit den sieben Namen in den Himmel. »Für Freiheit und Menschenwürde starben sie«- ist darauf zu lesen.

Heute- 70 Jahre nach dem Tod vieler unschuldig hingerichteter Eisenbahner- soll diese vorliegende Buch aufzeigen, dass während der Schreckensherrschaft unter dem nationalsozialistischen Regime ein falscher Gedanke oder ein nicht gefälliges Wort allein schon zu Verfolgung, Verurteilung und weiter zu Massenhinrichtungen geführt hat, nur um Andersdenkenden vor Augen zu führen, dass das Regime keinen Widerspruch duldete, sondern nur blinden Gehorsam und Treue bis zum Tod.«

KAPITEL 16

»MOSKAUER DEKLARATION«: WAR ÖSTERREICH OPFER ODER TÄTER?

Vom 19. bis 30. Oktober 1943 fand in Moskau eine Konferenz der Außenminister der Vereinigten Staaten von Amerika, Großbritanniens und der Sowjetunion statt. Das politische Ziel war, Wege zu finden, um den Krieg abzukürzen. Am 30. Oktober 1943 wurde die »Moskauer Deklaration« beschlossen, zwei Tage später veröffentlicht.

In der »Deklaration über Österreich« ist nachzulesen:

»Die Regierungen Großbritanniens, der Sowjetunion und der Vereinigten Staaten von Amerika kamen darin überein, dass Österreich das erste freie Land, das der Hitlerschen Aggression zum Opfer gefallen ist, von der deutschen Herrschaft befreit werden muss.

Sie betrachten den Anschluss, der Österreich am 15. März 1938 von Deutschland aufgezwungen worden ist, als null und nichtig.

Sie betrachten sich in keiner Weise gebunden durch irgendwelche Veränderungen, die nach diesem Zeitpunkt in Österreich vorgenommen wurden. Sie geben ihrem Wunsch Ausdruck, ein freies und unabhängiges Österreich wiederhergestellt zu sehen und dadurch dem österreichischen Volk selbst, ebenso wie anderen benachbarten Staaten, vor denen ähnliche Probleme stehen werden, die Möglichkeit zu geben, diejenige politische und wirtschaftliche Sicherheit zu finden, die die einzige Grundlage eines dauerhaften Frieden ist.

Österreich wird jedoch darauf aufmerksam gemacht, dass es für die Beteiligung am Kriege an der Seite Hitler-Deutschlands eine Verantwortung trägt, der es nicht entrinnen kann, und dass anlässlich der endgültigen Abrechnung Bedachtnahme darauf, wie viel es selbst zu seiner Befreiung beigetragen haben wird, unvermeidlich sein wird.«

Mit dieser Deklaration wollten die betreffenden Außenminister unter anderem die österreichische Bevölkerung zum Widerstand im noch laufenden Krieg motivieren.

DIE ROLLE DER HINGERICHTETEN WIDERSTANDSKÄMPFER

Am 27. April 1945 erfolgte die Unabhängigkeitserklärung und Proklamation über die Selbständigkeit Österreichs. In seiner Neujahrsansprache 1950 forderte Bundespräsident Karl Renner den Abzug der alliierten Truppen und den Abschluss eines von vielen Bürgern ersehnten Staatsvertrages. Renner sagte: »Jeder Österreicher empfindet: Lasst uns allein, wir sind imstande, unsere Angelegenheiten selbst zu regeln, wir werden fertig mit all den Problemen des Nazismus, der Kriegsschäden, unserer inneren demokratischen Ordnung, unseres absoluten Selbstständigkeitswillens, unserer Ablehnung jeglichen Anschlusses, ob nach Westen oder Osten, nach Norden oder Süden. Wir wollen allein sein, also lasst uns allein!«

Die Österreicherinnen und Österreicher sollten noch fünf lange Jahre auf die ersehnte Freiheit warten müssen. Am 15. Mai unterzeichnete der österreichische Außenminister Leopold Figl im

Schloss Belvedere den Österreichischen Staatsvertrag. Der Politiker hatte kurz davor in den Verhandlungen erreicht, dass die Mitschuld Österreichs am Zweiten Weltkrieg gestrichen wurde. Eines der Argumente hierfür war, dass man die Hingerichteten aus dem Wiener Landesgericht als politischen »Beweis« anführen konnte: Wäre Österreich nur Täter gewesen, hätte man keine Widersacher hingerichtet. Und so wurden die ermordeten Widerstandskämpfer zum Beleg dafür, dass der Staat Österreich im Dritten Reich durch den »Anschluss« ein politisches Oper geworden war.

KAPITEL 17

DIE URTEILE –
TOTE NEHMEN KEINE WOHNUNG

Über das Dokumentationsarchiv des österreichischen Widerstandes erhalte ich online Kopien der Urteile von Rosalia und Johann Graf und ihren Freunden und politischen Mitstreitern. Es stimmt mich traurig, dieses Dokument, bestehend aus 13 Seiten, zu lesen. Sie erzählen in schnödem Amtsdeutsch von der Auslöschung tapferer Menschen.

»Im Namen des Deutschen Volkes« beginnen die Dokumente, »In der Strafsache gegen Therese Dworak, Johann Graf, Rosalie Graf, Anton Tolnay, Emilie Tolnay sämtlich in dieser Sache in Schutzhaft wegen Vorbereitung zum Hochverrat.«

Kleine Anmerkung: Die Nationalsozialisten waren nicht in der Lage, den Namen meiner Tante Rosalia korrekt zu tippen – im Urteil steht »Rosalie«.

Weiter im Text:

»Wegen Vorbereitung zum Hochverrat hat der Volksgerichtshof, 5. Senat, auf Grund der Hauptverhandlung vom 14. April 1944, an welcher teilgenommen haben als Richter (es folgt eine Aufzählung der Namen der Richter) als Vertreter des Oberreichsanwalts für Recht erkannt:

Die Angeklagten Dworak, Eheleute Graf und Eheleute Tolnay, haben in den Jahren 1941/42 dem steckbrieflich verfolgten kommunistischen Funktionär Neustadl eine illegale Unterkunft mit Verpflegung gewährt oder ihm eine solche anderweitig verschafft und dem Genannten dadurch eine umfangreiche kommunistische Aufbautätigkeit ermöglicht. Dabei hat aber der Ehemann Tolnay offenbar stark unter dem bestimmenden Einfluß seiner geistig ihm weit überlegenen Frau gestanden. Die Ehefrau Tolnay hat ferner die Eheleute Graf für die KPÖ gewonnen und von ihnen mehrmals Beiträge eingezogen und weitergeleitet. Die Eheleute Graf und Frau Dworak haben außerdem Flugschriften zersetzenden Inhalts in Wien ausgestreut.

Die Angeklagten werden deshalb wegen Vorbereitung zum Hochverrat und bis auf den Ehemann Tolnay – auch wegen Feindbegünstigung verurteilt, und zwar die Angeklagten Ehefrau Dworak, Eheleute Graf und Ehefrau Tolnay zum Tode und Ehrenrechtsverlust auf Lebenszeit, der Angeklagte Tolnay zu zehn Jahren Zuchthaus und zehn Jahren Ehrenrechteverlust.

Sämtliche Angeklagte haben auch die Kosten des Verfahrens zu tragen.

Dem Angeklagten Tolnay werden 21 Monate der Schutzhaft auf die erkannte Strafe angerechnet.

Die bei den Eheleuten Graf beschlagnahmte Schreibmaschine »Remington« Nr. 155 751 und der Vervielfältigungsapparat »Kores« und das dazugehörige Material werden eingezogen.

Die Richtigkeit der vorstehenden Abschrift wird beglaubigt und die Vollstreckung des Urteils bescheinigt.

Potsdam, den 18 April 1944

gez. Ulbricht.«

Im Urteil folgen nun Fotos, die die Gestapo nach der Verhaftung der fünf Widerstandskämpfer aufgenommen hat, versehen mit Kurzbiographien, vorherigen Adressen und Datum des Haftbeginns.

Danach lese ich die Kopien des Oberstaatsanwaltes beim Landgericht Wien vom 21. Juni 1944: »An den Herrn Reichsminister der Justiz, Berlin. Geheim.

Betrifft: Vollstreckung der Todesurteile an Therese Dworak und 2 andere.

Die Todesurteile wurden ohne Besonderheiten vollstreckt.«

Im Formular wäre noch Platz für die Angabe, wo sich ein aus der Haft entlassener Mensch möglicherweise niederlassen wolle: »XY beabsichtigt .... in .....Wohnung zu nehmen.«

Mich überkommt beim Lesen ein bitteres, trauriges Lächeln. Tote nehmen keine Wohnung. Tote brauchen keine Wohnung.

ZU DUMM FÜR DIE NAZIS?

Von der kleinen Gruppe jener drei Ehepaare, die von der Gestapo verhaftet und inhaftiert wurden, hat einer erstaunlicherweise überlebt, obwohl er die selben Delikte begangen hatte, derer die Nazis auch die übrigen fünf bezichtigte. Im Urteil steht, dass der Ehemann Tolnay »offenbar stark unter dem bestimmenden Einfluß seiner geistig ihm weit überlegenen Frau« stand.

Diese erstaunliche Einschätzung der Nationalsozialisten rettete dem Bäckergehilfen den Kopf. Offiziell hatte kein Arzt dem Wiener bescheinigt, dass er geistige Probleme hatte, wie die Nazis also zu diesem Schluss kamen, bleibt offen.

Fest steht, dass diese Einschätzung dem Mann das Leben rettete. Er wurde zu zehn Jahren Zuchthaus verurteilt und befand sich bis zum Ende des NS-Regimes im Wiener Landesgericht in Haft.

Es ist der erstaunliche Fall eines Menschen, den die Nationalsozialisten offenbar für zu dumm hielten, um im Widerstand zu sein und gegen die Diktatur zu kämpfen.

KAPITEL 18

GUTE MENSCHEN

Im Rahmen meiner Recherchen für dieses Buch bin ich auf viele Namen von interessanten Menschen gestoßen. Mutige Menschen, ohne die diese Welt trostloser wäre. Sie sind in schwierigen Zeiten aufgestanden, haben gegen Diktaturen gekämpft und sind nicht zu Mitläufern geworden. Hier sind zwei Beispiele für Menschen, deren Lebensläufe mich beeindruckt haben.

BERNHARD WEISS (1880-1951)

Lange Jahre hatte Bernhard Weiß (1880-1951) in Berlin ein erfolgreiches und angenehmes Leben. Er wurde in wohlhabende Verhältnisse in die Familie des Getreidegroßhändlers Max Weiß und seiner Frau Emma geboren. Mutter und Vater kamen aus liberalen jüdischen Familien, sie engagierten sich in der Jüdischen Gemeinde. Max Weiß war Vorsitzender des Synagogenvorstands der Gemeinde in der Berliner Fasanenstraße. Das Leben war schön, auch wenn es bereits Antisemitismus gab.

Als Abiturient beschrieb Bernhard Weiß seine Kindheit so: »Meine erste Jugendzeit war glücklich und sorglos. Ich wuchs auf, behütet von liebenden Eltern, umgeben von einer ansehnlichen Geschwisterschar, inmitten eines ausgedehnten Kreises von Verwandten und Bekannten. Alles, was die Groß-Stadt einem Kinde an äußeren und inneren zu bieten vermag, wurde mir in reichlichem Maße zu teil.«

Sohn Bernhard sollte studieren und entschied sich für die Rechtswissenschaften und Volkswirtschaft, zum Studium ging er nach München, Würzburg und Freiburg. Schon während des Studiums bekam er antisemitische Strömungen zu spüren, wie viele Juden damals suchte und fand er Entschuldigungen für das Verhalten seiner Mitmenschen. Auch im preußischen Militär gab es antisemitische Vorbehalte, sodass sich der Berliner entschied, in die bayerische Armee einzutreten. Im Ersten Weltkrieg wurde er Rittmeister und wurde mit dem »Eisernen Kreuz 1. Klasse« ausgezeichnet. Im Ersten Weltkrieg dienten auf deutscher Seite rund 100.000 Juden, rund 12.000 verloren dabei ihr Leben.

Weiß kehrte zurück in seine Heimatstadt Berlin, gemeinsam mit seiner Ehefrau pflegte er ein kulturell inspiriertes Leben, man empfing zu Hause gerne Künstler und förderte sie. Auch das Radio, damals eine relativ neue und beliebte Form der Unterhaltung, wurde auf den Mann, der gern luxuriöse Autos fuhr und sich mit Prominenten wie Edgar Wallace oder Charlie Chaplin fotografieren ließ, aufmerksam. Und so luden sie den stets eleganten Mann ein, dem Publikum aus seinem Leben zu erzählen. Die Hörfunksendungen mit ihm wurden außerordentlich beliebt. Sein Name und die Qualität seiner Arbeit sprachen sich bald herum, sowohl in Künstler- als auch in Polizeikreisen. Als im Jahr 1918 das Angebot des preußischen Innenministers Bill Drews kam, in Berlin als stellvertretender Leiter der Kriminalpolizei anzufangen, sagte Bernhard Weiß zu und zog von München wieder zurück an die Spree. Er arbeitete fleißig und gilt bis heute weltweit als einer der Väter moderner Polizeiarbeit.

Aber die Antisemiten konnte er damit nicht beeindrucken. Die NSDAP war in Berlin auf politischem Erfolgskurs, wurde mutiger und frecher. Die »Feinde« waren längst ausgemacht; es waren die jüdischen Mitbürger. Voller Häme hatte sich der Berliner Gauleiter Joseph Goebbels einen Schmähnamen für den erfolgreichen Weiß ausgedacht: »Isidor Weiß«. Und einen weiteren: »ViPoPrä«, das sollte die Abkürzung für »Vizepolizeipräsident« sein. In Karikaturen und Texten ließ Goebbels öffentlich diffamieren und das Volk lachte willig mit. Weiß wurde als Affe, Esel oder Mensch mit übergroßer Nase dargestellt und der Lächerlichkeit preisgegeben.

Weiß indes ließ sich nicht einschüchtern, sondern schritt zur Tat. In insgesamt 60 Prozessen, von denen er die meisten gewann, wehrte er sich auf dem Rechtsweg gegen Goebbels. Was dessen Hass und Zorn nur steigerte.

Weiß hielt sich tapfer im Amt, kämpfte täglich gegen Ungerechtigkeiten der neuen Herrscher und seiner politischen Widersacher. Er hatte einige Feinde, denn er kämpfte für das bürgerliche Recht ohne Beachtung der Interessen bestimmter politischer Gruppen. In anderen Worten: Weiß ließ sich niemals vor einen politischen Karren sperren.

Aber seine größten Feinde blieben die Nazis und im Jahr 1932 wurde er schließlich als Vizepolizeipräsident abgesetzt. Er kam für kurze Zeit in Haft, wurde wieder freigelassen. Unter einer Bedingung: Er musste sich verpflichten, jegliche dienstliche Tätigkeit künftig zu unterlassen. Das kam einem Berufsverbot gleich, Weiß musste trotzdem unterschreiben: »Nach meiner gewaltsamen Entfernung aus dem Amte erkläre ich mich bereit, mich jeder weiteren dienstlichen Maßnahme zu enthalten.« Eine bittere Stunde im Leben des Kämpfers.

Als die Nationalsozialisten 1933 die Macht in Deutschland

ergriffen, wurde Haftbefehl gegen ihn erlassen und sogar ein Kopfgeld auf ihn ausgesetzt.

FLUCHT IM LETZTEN MOMENT

Am 30. Januar 1933 ließen sie seine Wohnung stürmen, Weiß konnte im letzten Moment fliehen. Er gelangte nach Prag und ein Jahr später nach London. Dort baute er ein Unternehmen für Druckereibedarf auf. Als der Zweite Weltkrieg ausbrach, wurde er in Großbritannien als »Enemy Alien« für kurze Zeit interniert, kam aber nach zweieinhalb Monaten wieder frei.

1949, der Zweite Weltkrieg ist längst beendet, bekommt Bernhard Weiß Sehnsucht nach seiner Heimat. Einmal über den Kurfürstendamm spazieren, einmal wieder in die Galerien gehen, ins Kaffeehaus, an den Wannsee fahren …

Im September 1949 besucht er zum ersten Mal seit seiner Flucht Berlin. Dem damaligen Oberbürgermeister Ernst Reuter schreibt er: »Es ist mein sehnlichster Lebenswunsch, nach Berlin zurückzukehren.« Reuter will dem einst Vertriebenen dabei helfen und bietet ihm einen Posten bei der Berliner Polizei an – er soll deren Wiederaufbau mit seinem Fachwissen unterstützen.

Zu diesem Zeitpunkt ist Bernhard Weiß schon an Krebs erkrankt, zu einer Rückkehr in seine Heimatstadt kommt es nicht mehr, denn im Jahr 1951 erliegt er seinem Leiden.

Getröstet mit einer guten Nachricht aus Berlin, die er wenige Tage vor seinem Tod erhielt: die Wiedereinbürgerung war offiziell geworden. Weiß schrieb als seine letzten Worte: »Ich gehe fröhlich in den Tod, mit Gottvertrauen. Ein herrliches reiches, glückliches und erfülltes, gesegnetes Leben ist zu Ende gegangen.« Die Nazis hatten den mutigen Mann zwar vertreiben, aber nicht brechen können.

THERESIA PESENDORFER (1902-1989)

Die österreichische Stadt Bad Ischl ist 2024 eine der Kulturhauptstädte Europas. Für Freunde der legendären Kaiserin Elisabeth (»Sisi«) ist es ein Sehnsuchtsort: Hier steht die Kaiservilla, hier urlaubte Sisi mit ihrem Hofstaat im Marmorschlössl, hier schmecken Kaffee und Kuchen auch heute noch besonders gut, man kann zu herrlichen Wanderungen aufbrechen oder eine Kur machen.

Bereits im Jahr 1821 reiste der Wiener Arzt Franz Wirer nach Ischl (in Österreich kann man das »Bad« weglassen, jeder weiß, welcher schöne Ort gemeint ist), um sich bei seinem Kollegen Josef Götz von den medizinischen Erfolgen berichten zu lassen, die dieser mit Solebädern an kranken Salinenarbeitern erzielt hatte. Der Erfolg sprach sich schnell herum, bald kamen die ersten Kurgäste, die ihre müden Leiber pflegen und verwöhnen lassen wollten. Auch unter den Reichen und Wichtigen wurde der kleine Ort schnell zum Begriff für Gesundheit und Unterhaltung und so reisten unter anderem Staatskanzler Metternich und Erzherzog Rudolf per Kutsche nach Ischl. Zwischen 1849 und 1914 urlaubte die Kaiserfamilie hier, und natürlich wollten auch »normale« Menschen es ihnen gleichtun – der Tourismus florierte.

Als sich im Jahr 1853 der junge Kaiser mit Elisabeth in Bayern verlobte, waren die Anhänger des Kaiserhauses in ganz Österreich aus dem Häuschen. In Bad Ischl war kaum ein Hotelzimmer mehr zu bekommen. Auch die Künstler wurden magisch von diesem kleinen Ort angezogen, Komponisten wie Anton Bruckner, Johannes Brahms oder Johann Strauß kamen nach Bad Ischl, um sich zu inspirieren und feiern zu lassen. Seit 1920 darf Bad Ischl den begehrten Titel »Kurort« tragen.

Um zu sehen und gesehen zu werden, ging man in die berühmte Konditorei »Zauner«, die heute noch ihre Gäste mit köstlichen Süßspeisen versorgt. Das ist die zuckersüße Vergangenheit von Bad Ischl. Doch es gibt auch eine andere Seite des Ortes, eine grausame.

Von Februar bis Dezember des Jahres 1942 gab es in Bad Ischl ein Außenlager des KZ Dachau. Insgesamt unterhielten die Nationalsozialisten 169 KZ-Außenlager. Sie wurden eingerichtet, um Häftlinge zu Zwangsarbeit zu verurteilen, sie mussten Bauarbeiten verrichten, in Kiesgruben, Steinbrüchen oder im Straßenbau arbeiten. In kleineren Außenlagern mussten sie handwerkliche oder landwirtschaftliche Arbeiten verrichten, sechs Tage die Woche, zwölf Stunden täglich.

VOM SÄGEWERK ZUM ARBEITSLAGER

In Bad Ischl war das Sägewerk Bachmanning zum Arbeitslager umfunktioniert worden. Die KZ-Häftlinge wurden gezwungen, Holzrahmen und Spinde zu produzieren. Die Produkte waren für den Wohnbau in den von den Nationalsozialisten besetzten Gebieten Osteuropas geplant.

Als die KZ-Außenstelle bestand, war die Bad Ischlerin Theresia Pesendorfer 40 Jahre alt. Sie gehörte zu jenen Frauen, die sich am organisierten Widerstand gegen das NS-Regime beteiligten. Diese mutigen Frauen versteckten KZ-Häftlinge bei sich, sie halfen bei der Flucht und bauten die Widerstandsorganisation »Willy-Fred« auf.

Sie organisierten dabei den Schmuggel von Waffen, die für den Widerstand benötigt wurden, sammelten Lebensmittel und andere Gegenstände für die Versorgung von Widerstandskämpfern und übermittelten Nachrichten. Immer wieder wurden

Mitglieder dieser Gruppe verhaftet und verhört. Wieder entlassen, nahmen sie sofort ihre gefährliche Tätigkeit wieder auf. Nach dem Zweiten Weltkrieg wurde Theresia Pesendorfer mit dem »Ehrenzeichen für Verdienste um die Befreiung Österreichs« geehrt. Und 2024 wurde der Platz vor dem Musikpavillon im Bad Ischler Kurpark nach ihr benannt. Doch nicht nur das: Um ihren Namen in Ehren zu halten, sollen künftig an Gedenktagen Veranstaltungen stattfinden. Auch ein Denkmal ist geplant.

Theresia Pesendorfer war einer jener Menschen, die keinen Reichtum hatten, aber ein starkes Gefühl für die Ungerechtigkeiten im Leben. Sie wurde als Kind einer armen Arbeiterfamilie geboren, ihr Vater schuftete als Salzarbeiter in den Salinen. Als sie zehn Jahre alt war, starb ihre Mutter. Und so war Theresia gezwungen, schon als junges Mädchen bei Bauern zu arbeiten, um die Familie mit zu ernähren. Als ihr Vater neuerlich heiratete, wurde ihr Leben nicht besser, denn sie verstand sich nicht mit der neuen Frau im Haus.

Theresia interessierte sich für Politik, wählte die Sozialdemokraten, begann, sich politisch zu engagieren. 1926 hatte sie ihren Mann Ferdinand Pesendorfer geheiratet, der wie sie gegen die ungerechten Zustände im Leben vieler Menschen war und dagegen ankämpfen wollte. Die beiden traten der verbotenen Kommunistischen Partei bei. Dort fühlten sie sich politisch gut aufgehoben, denn die KPÖ-Mitglieder kämpften aus dem Untergrund gegen den Austrofaschismus. Theresia Pesendorfer gründete 1937 eine illegale Frauengruppe und organisierte die Weitergabe von wichtigen Botschaften in Rahmen von Kurierdiensten. So gelang es den Frauen, sicherzustellen, dass die illegalen Gruppen, die in den Orten rund um Bad Ischl installiert waren, in Kontakt bleiben konnten.

Im Jahr 1941 veranlasste die Gestapo eine große Verhaftungswelle im Salzkammergut. Auch Theresias Ehemann wurde verhaftet und ins Gefängnis gebracht. Als zwei KPÖ-Mitgliedern die Flucht gelang, versorgten die mutigen Frauen sie mit Waffen und Nahrung und organisierten ein Versteck in einem leerstehenden Haus im Wald.

VERSTECKE IM GEBIRGE

Theresia Pesendorfer wurde 1942 von der Gestapo verhaftet. Tapfer leugnete sie in den Verhören alle Vorwürfe und da die Gestapo keine Beweise gegen sie hatte, musste sie sie wieder freilassen.

Immer mehr Männer, die auf Heimaturlaub kamen, weigerten sich, zurück an die Front zu kehren. Sie tauchten unter und brauchten einen Unterschlupf, der im Gebirge errichtet wurde. Dort wähnten sich die Männer sicher vor den Jägern der Gestapo. Auch hier wurden die Frauen wieder aktiv, versorgten die Männer mit Waffen und Lebensmitteln. Die Gruppe wuchs auf rund 500 Männer an, die alle versorgt werden mussten. Unermüdlich schufen die Frauen Lebensmittel heran. Theresia Pesendorfer, die Mutter eines Sohnes war, lebte nach dem Zweiten Weltkrieg ein unauffälliges Leben. Sie starb im Jahr 1989 im Alter von 87 Jahren.

KAPITEL 19

EINE KLEINE LIEBESERKLÄRUNG AN DEN NEUSIEDLER SEE

Neusiedler See! Er ist Sehnsuchtsort meiner Kindheit, ich bekam immer vor Aufregung Herzklopfen, wenn die Eltern am Wochenende verkündeten: »Wir fahren zum Neusiedler See!« Ich liebte ihn zu allen Jahreszeiten, ich lernte und übte dort schwimmen und eislaufen. Eine kleine Beschwerde hätte ich, nach all den Jahren: So ein See friert ja leider nicht gleichmäßig zu. Und da es im Burgenland viel Wind gibt, war die Eisfläche meistens recht buckelig. Wenn man noch nicht so gut eislaufen kann, ist das wirklich nervig. Ich erinnere mich noch gut an die Plagerei bei den Versuchen, elegant zu fahren und nicht ständig von kleinen Eisbuckeln ausgebremst zu werden.

Im Sommer reiste ich nie ohne meinen aufblasbaren Schwimmreifen in Schwanenform an. Für Familien mit Kindern ist der See perfekt. Man kann lange im Seichten planschen, bevor es tiefer wird. Es gibt keine lästigen, spitzen Steinchen, sondern weichen Sand. Man kann stundenlang dem bunten Treiben auf dem Strand oder den Segelschiffen zuschauen, auf den Spielplatz gehen oder ein Eis oder Pommes kaufen. Die Windsurfer fand ich besonders imposant. Es war das perfekte kleine Glück.

Oder eigentlich ein großes Glück, denn der Neusiedler See wird auch gern »das Meer der Wiener« genannt. Mit dem Auto oder dem Zug ist man binnen einer Stunde in einer wunderschönen Naturlandschaft. Und abends fährt man nach einem langen Sommertag erschöpft, aber glücklich wieder in Richtung Großstadt. Ich erinnere mich an die Musik des Schilfes, wenn der Wind es mal leicht, mal richtig stark, durchfuhr.

Als Gruselfaktor kam hinzu, dass dort hinten, wo für mich der See aufhörte, hinter dem Horizont, der eiserne Vorhang lag – und dahinter Ungarn. Als Kind hatte ich keine genaue Vorstellung von der politischen Lage, wusste aber, dass meine Großeltern aus dem Land mit der Puszta stammten. Es war gruselig-beruhigend, nach dem Schwimmen ein Eis zu essen und an ein fernes, kommunistisches Land zu denken, das für ein Kind der 1970er-Jahre mehr Fragen als Antworten bot. Gut, dass wir abends wieder ins sichere Wien zurückfahren konnten!

DIE UNGELIEBTEN ZUCKERLN

Ich erinnere mich gut daran, dass die Verwandten, die wir in der Tschechoslowakei und in Ungarn hatten, uns fernen, fremden Kindern gern Schokolade schickten. Ich fürchtete mich ein wenig vor diesen Post-Packerln, denn in Wien schmeckten die Süßigkeiten viel, viel besser als die Ostblock-Ware. Die Schokolade kam mir fad und beinahe zuckerlos vor und in Zuckerln gehört doch viel Zucker oder warum sollten sie sonst so heißen? Das Problem aus Kindersicht war, dass erst die Geschenk-Schokolade gegessen werden musste, bevor es wieder Nachschub made in Austria gab.

Und so aßen wir tapfer die Süßigkeiten, die eindeutig länger vorhielten als Wiener Ware. Heute weiß ich diese Geschenke natürlich mehr zu schätzen als mit sieben Jahren. Ich stelle mir vor, dass die Gaben für unsere Verwandten kostbar und teuer waren und sie uns eine Freude machen wollten. Vermutlich hätten die Tanten und Onkel hinter dem Eisernen Vorhang auch lieber Zuckerln aus Wien gegessen, aber die politische Lage machte das unmöglich.

Von Rosalias Existenz ahnte ich damals nichts. Hätte man sie nicht ermordet, wäre sie bestimmt eine freundliche Tante geworden. Geboren im Jahr 1897 wäre sie in meinen Kindertagen in ihren 70-ern gewesen. Bestimmt wäre sie gern mit uns an den Neusiedlersee gekommen, es war ja schließlich ihre Heimat. Aber ihr Schicksal sollte ein anderes sein.

KAPITEL 20

DER WIENER ZENTRALFRIEDHOF IM 21. JAHRHUNDERT: ONLINE DEN TOD ORGANISIEREN, REHE BEOBACHTEN ODER JOGGEN

Die Rehe und die Hasen lieben den Wiener Zentralfriedhof. Neugierig lugen die zierlichen Rehe, stets auf der Hut und zur Flucht bereit, hinter den Grabsteinen hervor. Wer sie fotografieren möchte, muss schnell sein: Sie sind zwar den Anblick von Menschen gewöhnt, aber dennoch vorsichtig. Und schneller als sie erschienen sind, auch schon wieder verschwunden. Lautlose Lebewesen an einem ruhigen Ort.

Auf jeden Fall sind die Wiener Rehe flinker und wendiger als Menschen, die ihre Ausdauer gern trainieren. So flink wie Rehe werden allerdings die wenigsten der Zweibeiner. »Auf unsere sportlichen Besucherinnen warten zwei abwechslungsreiche Laufstrecken über den Wiener Zentralfriedhof«, erfahren Hobbysportler online. Beim »Silent Run« werden Jogger eingeladen, doch einmal über den Zentralfriedhof zu laufen, um fit zu bleiben.

»Der Name ›Silent Run‹ wurde nicht zufällig gewählt. So soll der Name auch ein Bewusstsein für die vielen Verstorbenen schaffen, die auf dem Wiener Zentralfriedhof beigesetzt sind und dass der Friedhof ein besonderer Ort der Ruhe und der Besinnung ist«, steht auf der Website des Friedhofs.

Warum nicht die Welt der Lebenden mit der der Toten verknüpfen? Wer läuft, hat meist Zeit, sich Gedanken zu machen. Warum nicht auch über den Tod, das unausweichliche Ende jeden menschlichen Lebens? Ein Friedhof bietet ideale Voraussetzungen für Menschen, die respektvoll Sport an der frischen Luft betreiben möchten: Es ist ein naturverbundenes Gebiet – und es ist ruhig und sicher, ohne Autoverkehr.

UNSERE ANGST VOR DEM TOD ...

Die meisten Menschen beschäftigen sich nicht gerne mit dem Tod. Zu traurig ist er, zu viel Angst haben wir davor, auch nur daran zu denken. Es gibt einen einfachen Test, fragen Sie Freunde oder Bekannte, ob sie schon ihr Testament gemacht haben. Meist ist freundliches Entsetzen die Antwort. Gefolgt von hastigen Erklärungen, warum man noch nicht dazu gekommen ist und Fragen, ob man selbst schon ...? Manchmal entstehen daraus interessante Gespräche über das Leben, die zu vermachenden Werte, wen man beerben, wen man enterben sollte – und über den Tod. Und plötzlich kann man darüber sprechen und oft auch darüber lachen. Er ist ja noch recht weit weg entfernt, der Tod, hoffentlich.

Auf einem Spaziergang über den Wiener Zentralfriedhof frage ich mich, was Tante Rosalia wohl davon gehalten hätte, wenn sie wüsste, dass Hobbysportler den Ort ihrer letzten Ruhe für Bewegung nutzen. Darf man das? Sollten Ethik und Moral uns davon abhalten? Vermutlich gibt es dazu nur strikte Haltungen, man kann nicht ein bisschen dafür oder dagegen sein.

Ich bin dafür. Ich laufe gern und gern im Grünen. Friedhöfe sind für mich traurige und schöne Orte, aber die Schönheit überwiegt.

Wenn ich liebevoll gepflegte Gräber sehe, freut sich meine Seele. Aber auch schlichtes, pflegeleichter Efeu ist ein schöner Anblick. Oder schwarz polierter Marmor mit goldenen Buchstaben. Natürlich macht der Tod auch mir zuweilen Angst. Mit jedem Tag wird das Leben kürzer und je älter man wird, desto öfter denkt man an die eigene Endlichkeit.

Aber was nützt es, sich jeden Tag zu fürchten? Seinem Schicksal entrinnt niemand. Ich glaube nicht an Begriffe wie das ewige Leben oder Fegefeuer. Ich glaube, dass am ehesten nichts sein wird nach dem Tod, aber wenn es etwas geben sollte, so wird es nichts sein, das uns Angst machen wird. Vielleicht werden wir einfach nur schlafen. Vielleicht haben wir auch mehrere Leben, wer weiß das schon. Und wir werden als Blume, Kaninchen oder wieder als Mensch geboren. Wir werden sehen – oder auch nicht. Bis dahin versuche ich, meine Tage auf dem Planeten Erde gut und sinnvoll zu nutzen und mich des Lebens zu freuen.

War auch Tante Rosalia ein lebenslustiger Mensch? Ich möchte es gern glauben. Immerhin, es zog sie aus dem Burgenland in Richtung Wien. Langweilige Menschen zieht es nicht in große Städte. Langweilige Menschen packen nicht ihre Koffer und sagen Lebewohl, sie bleiben lieber dort, wo sie alles kennen und sie keine Überraschungen erwarten. Menschen mit Fernweh wollen etwas erleben, Dinge erfahren und erlernen, das Leben genießen, Gleichgesinnte kennenlernen.

Ich mag den Gedanken, dass Tante Rosalia, Onkel Johann und ihre politischen Mitstreiter das Leben genossen haben, so lange sie es konnten. Und dass sie auf diese Weise viele schöne Erinnerungen hatten, die ihnen über die entsetzlich langen, hoffnungslosen Tage der Haft halfen.

Ich mag den Gedanken, dass sie den Ort ihrer letzten Ruhe schön finden würden. Man kann ihn eigentlich nur schön finden, friedlich – ganz wie der Mensch es von einem Friedhof erwartet. Und deshalb glaube ich nicht, dass Jogger ihre Ruhe stören. Man läuft ja nicht direkt an den Grabstätten vorüber, sondern bleibt auf den Wegen, das bietet gebührenden Abstand.

KAPITEL 21

SO FEIERT DER WIENER ZENTRAL-FRIEDHOF SEINEN 150. GEBURTSTAG

Viele Menschen gehen hier, an diesem Wiener Ort, gern spazieren oder betreiben Nordic Walking. Zwei Lauf-Routen gibt es auf dem Wiener Zentralfriedhof, sie werden auf großen Tafeln angekündigt und beschrieben. Und damit die Bewegungsfreudigen nichts falsch machen, werden auch Dehn-und Lockerungsübungen erklärt.

Als die neuen Möglichkeiten der sportlichen Betätigung im Jahr 2019 der Wiener Öffentlichkeit präsentiert wurden, gab es nicht nur positive Reaktionen. Nicht jeder Wiener möchte, dass an ihm Läufer vorbeiziehen, während er am Grab eines lieben Menschen steht und traurig ist oder die Blumenbeete umgräbt. Mittlerweile scheint man sich aneinander gewöhnt zu haben, die öffentliche Kritik ist verstummt.

Der Friedhof gehört zu den meistbesuchten Sehenswürdigkeiten Wiens. Auf einer Fläche von 2,4 Quadratkilometern gibt es rund 330.000 Grabstellen. Es gibt sogar eine eigene Bus-Linie, die Fahrgäste werden in E-Bussen transportiert. Auch Fiaker, wie man sie auch in der Wiener Innenstadt findet, bieten ihre Dienste an. In der Kutsche lässt sich der Zentralfriedhof gut und bequem erkunden, der Kutscher hat so manche interessante Information für seine Gäste. Gemächlich traben die Pferde über die breiten Wege.

»Unsere Friedhöfe sind mehr als nur Begräbnisstätte«, informiert der Wiener Zentralfriedhof online, »wir möchten Trost in der Trauer schenken, vor allem aber auch Erinnerung und Begegnung schaffen. Daher gehört zu jeder der rund 550.000 Grabstellen auch ein digitales Grab.« Wer die Nutzungsrechte eines Grabes hat, kann alle Serviceangebote – vom Blumenschmuck bis zur Verlängerung der Grabstätte – online erledigen.

In einem privaten Online-Raum kann man Familie, Freunde und Bekannte zudem einladen, mit ihnen gemeinsam der Toten zu gedenken. Man kann ein Foto der Grabstelle anfertigen und verschicken oder auch eine virtuelle Grabkerze anzünden. Eine gute Idee für Menschen, die nicht gut zu Fuß sind oder vielleicht ausgewandert sind: Mit Hilfe des Internets kann man jederzeit den Wiener Zentralfriedhof besuchen.

BÜRGER FORSCHEN AUF DEM FRIEDHOF

Auch wer sich für Natur interessiert, ist auf der Website richtig. Forscher und Forscherinnen der Uni Wien wollen gemeinsam mit »Citizen Scientists«, »forschende Bürger«, also Menschen, die die Wissenschaft unterstützen wollen, die Biodiversität auf den Wiener Friedhöfen erkunden. Die Ergebnisse, zum Beispiel dieses, sind durchaus interessant: Wenn man etwa auf einen kleinen Hamster trifft, ist es unwahrscheinlich, dass er aus einer kuscheligen Wiener Wohnung ausgebüxt ist. Wahrscheinlicher ist, dass es sich um einen Feldhamster handelt, von denen es rund 100 auf Wiener Friedhöfen gibt.

Der Wiener Zentralfriedhof hat sich in den vergangenen Jahren zu einem Hotspot für Wildtierbeobachter entwickelt. Die Stadt Wien wächst kontinuierlich, immer mehr Menschen zieht es in die schöne Stadt an der Donau, die in vielen Umfragen der

vergangenen Jahre zu einer der lebenswertesten der Welt gekürt
wurde.

Wo früher Wald und Wiesen waren, wird emsig gebaut. Das hat
zur Folge, dass es für viele Tierarten immer weniger Platz gibt.
Die Tiere müssen ausweichen und sich neue Lebensgebiete suchen. So landen sie vielleicht auf dem Zentralfriedhof, der, auch
für Pflanzenarten, zum grünen und geschützten Zufluchtsort
wird. Und so leben zwischen den Gräbern Füchse, Rehe, Hamster, zahlreiche Vogel- und Insektenarten. Auf 46 Wiener Friedhöfen haben Wissenschaftler rund ein Dutzend Säugetierarten,
80 Vogelarten und hunderte von Reptilien, Schnecken, Insekten
und Amphibien gezählt. Auf dem Wiener Zentralfriedhof gibt
es inzwischen rund 300 verschiedene Pflanzenarten.

Mit Hilfe einer App oder dem Versenden von Fotos sollen Fried-
hofsbesucher Infos im Rahmen des Projekts »Biodiversität am
Friedhof« der Universität Wien an die Experten bei »Stadt-
wildtiere« senden. Auch viele Wiener Schulen arbeiten mittlerweile an den interessanten Projekten mit. Und so bietet ein Ort
des Todes vielfältige Möglichkeiten, sich mit dem Leben zu beschäftigen.

Viele berühmte Menschen haben auf dem Wiener Zentralfriedhof, zum Teil in Ehrengräbern, ihre letzte Ruhestätte gefunden: Die Komponisten Ludwig van Beethoven und Franz
Schubert zum Beispiel. Viele Besucher würden hier vielleicht
auch Wolfgang Amadeus Mozart vermuten, an ihn erinnert jedoch nur eine Gedenktafel, seine sterblichen Überreste glauben
Forscher in einem Massengrab.

DIE BERÜHMTEN TOTEN

Die Schriftsteller Friedrich Torberg und Arthur Schnitzler liegen auf diesem Friedhof begraben, ebenso die Psychologen Viktor Frankl und Erwin Ringel. Gut besucht sind auch die letzten Ruhestätten der Sänger Falco (»Amadeus«) und Udo Jürgens (»Griechischer Wein«), dessen Grabstätte ein imposantes Piano aus Marmor ziert.

Spektakuläre Ereignisse, die die Wiener im Lauf der Geschichte erschüttert haben, haben auf dem Zentralfriedhof Gedenkstätten erhalten. Am 8. Dezember 1881 brannte das Ringtheater. Kaum hatten die Menschen kurz vor der Vorstellung ihre Plätze eingenommen, begann die Katastrophe: Ein Defekt in den Zündvorrichtungen der Gasbeleuchtung hinter der Bühne ließ Gas ausströmen. Als die Mitarbeiter einen Zündversuch unternahmen, gab es eine Explosion. Das Feuer breitete sich in Windeseile über die Bühne und in den Zuschauerraum aus. Die Menschen versuchten zu flüchten, was nicht allen gelang: 384 Theaterbesucher verloren an diesem Abend in der Panik des Unausweichlichen ihr Leben.

Es gibt auf dem Zentralfriedhof ein »Kriegsdenkmal 1. Weltkrieg«, auf dessen Areal 15.000 gefallene Soldaten vieler Nationalitäten beerdigt wurden. Auch den alten jüdischen Friedhof suchen viele Besucher auf. Er ist in den vergangenen Jahrzehnten teilweise verfallen und es gibt immer noch Kriegsschäden, die bisher nicht beseitigt wurden. Seit einigen Jahren versucht eine Initiative, diesen Teil des Friedhofes zu retten und zu restaurieren.

Die Nationale Gedenkstätte für NS-Opfer würdigt Tote, die im Widerstand gegen das Nationalsozialistische Regime waren und von den Nazis ermordet wurden. Um jener Österreicherinnen und Österreicher zu gedenken, die während der Nazi-Herrschaft in Konzentrationslagern ermordet wurden, wurde quasi stellvertretend Asche aus verschiedenen Gedenkstätten in der Nationalen Gedenkstätte bestattet.

Im Jahr 2024 feiert der Wiener Zentralfriedhof sein 150-jähriges Jubiläum. Drei Millionen Menschen – mehr als in Wien derzeit leben – haben hier ihre letzte Ruhestätte gefunden. Mit Konzerten, Workshops und Ausstellungen soll der 150. Geburtstag dieses besonderen Ortes gefeiert werden. Geplant sind unter anderem Yoga- und Qigong-Stunden, Natur- und Nachtführungen.

KAPITEL 22

EINSAMKEIT IM GEFÄNGNIS: »ES INTERESSIERT SIE EINEN SCHEISSDRECK, WER DU BIST«

Rosalia Graf wurde am 15. Juli 1942 in ihrer Wiener Wohnung festgenommen und am 21. Juni 1944 im Landesgericht Wien gemeinsam mit ihrem Ehemann Johann hingerichtet. Fast zwei Jahre haben die beiden im Gefängnis verbracht und ich habe mich während meiner Recherchen oft gefragt, wie man das aushalten kann. Nie wieder Frühling, nie wieder Sommer, nie wieder Herbst, nie wieder ein Winter in Freiheit. Nie wieder in einer Badewanne sitzen, nie wieder durch die Straßen schlendern, nie wieder im Kaffeehaus sitzen. Stattdessen banges Warten, Hoffen und das Träumen vom alten Leben. Ob sie bereut haben, politischen Widerstand geleistet zu haben? Wer könnte es ihnen verübeln?

Die beiden waren nicht naiv, sie wussten, welche Strafen ihnen drohten, wenn sie Flugblätter herstellen und verbreiten und einen von der Polizei Gesuchten, der auf der Flucht war, in ihrer Wohnung verstecken würden. Es war gefährlich, gegen eine Diktatur anzukämpfen. Sie werden mit ihren Mitstreitern diskutiert und besprochen haben, wie man sich verhalten sollte, wenn die Gestapo vor der Tür steht. Sie wussten, dass auf ihre Taten die Todesstrafe stand. Sie haben es trotzdem getan.

Fast zwei Jahre lang, die sie im riesigen Gebäude des »Landl«

verbracht haben, haben sie vermutlich auf ein Wunder gehofft. Ab dem 14. April 1944 nicht mehr. An diesem Tag wurden sie zum Tode verurteilt. Danach muss jede Hoffnung in ihnen erstorben sein. Der Moment der Urteilsverkündung: Ein Albtraum.

WAS TRÖSTET VOR DEM TOD?

Die Nazis hatten jegliche Gerechtigkeit ausgelöscht, ihre eigenen Gesetze installiert und Widersacher unbarmherzig ausgelöscht. Die Nazis begnadigten so gut wie niemals jemanden. Sie zogen die Todesurteile unerbittlich durch. Rosalia und Johann Graf blieben noch wenige Tage, in denen sie vermutlich wie ferngesteuert durch den Tag gereist sind. Manchmal ist ein Sonnenstrahl eine Hoffnung, manchmal ein Vogelzwitschern. Aber welche Hoffnung bleibt einem Menschen, der zum Tode verurteilt wurde? Was zählt noch in diesem Leben ohne Zukunft? Die Erinnerung ist alles, was bleibt.

Ich versuche mir vorzustellen, wie das sein könnte: Du liegst in Deiner Zelle. Alles Schöne und Gute scheint sich von Dir abgewendet zu haben, die Gerechtigkeit sowieso. Viel Kontakt mit anderen gibt es nicht. Wirst Du Deinen Mann, Deine Frau nochmals sehen? Werdet Ihr noch ein paar Worte austauschen können und wenn ja, was sagt man in dieser Situation? Welche Dinge vermisst man, welche Menschen? Von Rosalia Graf wissen wir, dass sie aus der Kirche ausgetreten ist. Hat ihr das geholfen? Manchen hilft der Glaube, der auch bestehen kann, wenn man kein Kirchenmitglied mehr ist. Manche vertrauen im Leben lieber auf sich selbst als auf einen mit viel Phantasie und Hoffnung erschaffenen Gott.

WIE GRAUENVOLL
IST DAS MORGENGRAUEN?

Wie lang sind die Nächte und wie grauenvoll das Morgengrauen? Wie tröstet man sich selbst, wenn man genau weiß, dass man noch vier oder drei Mal erwachen wird. Und dann nie wieder? Dass der eigene Kopf bald vom Körper getrennt sein wird, ist eine schreckliche Vorstellung, schon wenn es einen nicht selbst betrifft. Ich hätte so viele Fragen, die ich den beiden gerne stellen würde.

Haben Rosalia und Johann Graf es jemals bereut, im Widerstand tätig gewesen zu sein? Man könnte es ihnen nicht verübeln, aber ich glaube, dass ihr Mut im Gefängnis vielleicht noch gefestigt wurde. Bestimmt war man als Häftling alleine und fühlte sich auch so. Andererseits wusste man, dass zur selben Zeit, jetzt, in dieser Sekunde, viele Gleichgesinnte im selben Haus versammelt sind. Jeder in seiner Zelle, alle unfreiwillig. Sie hatten nur wenig Kontakt untereinander, aber schon wenige Worte werden sie in ihrer Charakterfestigkeit bestärkt haben.

Mit dem Druckmittel Einsamkeit versuchen und erreichen Diktaturen, ihre Widersacher zu brechen. Einzelhaft vermag Seelen zu schädigen und zu vernichten. Ich sprach einmal mit einem Häftling, der ein paar Jahre wegen Wirtschaftskriminalität einsaß und wollte von ihm wissen, was das Schlimmste an der Haft gewesen sei. Der Mann war sich seiner Schuld durchaus bewusst, er hatte Geschäftspartner um viel Geld betrogen, in Saus und Braus gelebt und irgendwann war sein Konzept gegen die Wand gefahren. Er hatte einen fairen Prozess gehabt und seine Strafe akzeptiert. Er lebt heute wieder in Freiheit.

Er erzählte mir, dass man ihn vorübergehend mit einem Mafia-Boss in die Zelle gesteckt hatte. Mein erster Gedanke war: Wie schrecklich, dann doch lieber bitte alleine. Bestenfalls aus journalistischer Sicht würde mich so ein Zellengenosse interessieren, aber es scheint mir unwahrscheinlich, dass so jemand plaudert, selbst wenn er einsam ist. Schließlich weiß er, dass er eines Tages wieder »draußen« überleben möchte. Da empfiehlt es sich, auch in melancholischen Stunden den Mund zu halten.

Vielleicht würde ich in Einzelhaft ein paar Bücher lesen. Ein Buch schreiben. Gedanken nachhängen. Fernsehen, so gestattet. Die Tage bis zur Freilassung zählen. Yoga machen.

Aber die Antwort des Häftlings war erstaunlich. Er erklärte, dass die Gesellschaft eines Mafiosi um einiges besser gewesen sei, als allein in der Zelle zu sitzen. Denn Einsamkeit, so der Mann, sei das Schlimmste an der Haft gewesen. Kein Mensch sei so schrecklich wie das Alleinsein, das man nicht selbst gewählt hat. Das Gefühl, niemanden zu haben, dem man etwas erzählen kann, sei zermürbend. Es geht nicht nur um tiefe Gespräche, es geht auch um alltägliche Kleinigkeiten. Ein bisschen Austausch, den alle Menschen gerne mögen – und brauchen. Ohne ihn verdorrt der Mensch wie eine Pflanze, die achtlos in einer dunklen Ecke vergessen wurde.

Und so stelle ich mir Rosalia und Johann Graf in ihrer Einsamkeit vor, die bestimmt schon vor dem Todesurteil unerbittlich gewesen sein muss. Aber danach kann es nur noch das nackte Grauen gewesen sein. Der Mensch ist nichts ohne Hoffnung und die war ihnen genommen.

Ich wollte wissen, wie andere Menschen Haft überstanden haben. Und was sie danach darüber erzählt haben.

EINE GEFÄNGNISZELLE IST WIE ADVENT …

So schrieb der lutherische Theologe Dietrich Bonhoeffer, der am Widerstand gegen den Nationalsozialismus beteiligt war, seinen Eltern am 13. Oktober 1943 in einem Brief aus dem Gefängnis in Berlin-Tegel: »Aber letzten Endes faßt sich, jedenfalls für mich, die Welt doch zusammen in ein paar Menschen, die man sehen und mit denen man zusammen sein möchte.« Bonhoeffer arbeitete als Privatdozent für Evangelische Theologie in Berlin. Ab April 1933 bezog er öffentlich Stellung gegen die Judenverfolgung durch die Nationalsozialisten. Ab 1938 schloss er sich dem Widerstand an, erhielt im Jahr 1940 Redeverbot, ein Jahr später Schreibverbot.

Seine Verhaftung erfolgte am 5. April 1943. Während seiner Haft bemühte er sich offensichtlich tapfer, sich ein bisschen Humor zu erhalten, schrieb 1943 an einen Freund: »So eine Gefängniszelle ist übrigens ein ganz guter Vergleich für die Adventssituation; man wartet, hofft, tut dies und jenes – letzten Endes Nebensächliches – die Tür ist verschlossen und kann nur von außen geöffnet werden.«

Auf ausdrücklichen Befehl Adolf Hitlers, der ihn mit dem Attentat vom 20. Juli 1944 in Verbindung brachte, wurde Bonhoeffer am 9. April 1945 hingerichtet. Er war einer der letzten NS-Gegner, die Hitler ermorden ließ.

»Das einzige wirkliche Gefängnis ist die Angst, und die einzige wirkliche Freiheit ist die Freiheit von der Angst«, sagte Aung San Suu Kyi, die Politikerin aus Myanmar, die im Jahr 1991 den Friedensnobelpreis erhielt. Sie engagiert sich seit den 1980er-Jahren für eine Verbesserung der politischen Situation in ihrem Heimatland. Seit dem Militärputsch 2021 sitzt sie in Haft, sie wurde mehrfach festgenommen und zu jahrzehntelanger Haft verurteilt. Angesichts der Hitzewellen in Myanmar wurde die 78-Jährige wie viele andere ältere Gefangene im April 2024 in Hausarrest verlegt. Damit sollen die Inhaftierten davor geschützt werden, einen Hitzschlag zu erleiden.

Immer wieder verlängert die Armee in Myanmar (ehemals Burma, seit 1948 gehört das Land nicht mehr zum ehemaligen Kaiserreich Britisch-Indien) den Ausnahmezustand im Land. Bei der Parlamentswahl im November 2020 hatte Suu Kyis Partei »Nationale Liga für Demokratie« einen Sieg errungen, in dem Land leben 54,2 Millionen Menschen. Das Militär hatte am 1. Februar 2021 geputscht und die demokratisch gewählte Regierung gestürzt.

In der Geschichte der Menschheit gehört Martin Luther King Jr. (1929-1968) zu den wichtigsten Kämpfern für Gerechtigkeit und Bürgerrechtlern. Geboren in Atlanta, Georgia, wählte er immer den gewaltfreien Kampf gegen soziale Ungerechtigkeiten und Unterdrückung. Ab den 1950er-Jahren war der US-Baptistenpastor die wichtigste Stimme des »Civil Rights Movement«. Wo er war, empfanden die Menschen Hoffnung, sich gegen Ungerechtigkeiten zur Wehr setzen zu können. Er ermunterte seine Landsleute, zivilen Ungehorsam gegen die herrschende Rassentrennung in den US-Südstaaten zu üben. Im Jahr 1964 wurde Martin Luther King mit dem Friedensnobelpreis ausgezeichnet. Doch nicht alle unterstützten seinen gewaltfreien Kampf: Am 4. April 1968 wurde King bei einem Attentat in Memphis erschossen. Von ihm ist dieses Zitat überliefert: »Unsere Leidenskraft ist ebenso groß wie eure Macht, uns Leiden zuzufügen. Tut mit uns, was ihr wollt, wir werden euch trotzdem lieben. ... Werft uns ins Gefängnis, wir werden euch trotzdem lieben. Werft Bomben in unsere Häuser, bedroht unsere Kinder, wir werden euch trotzdem lieben.«

Der deutsche Ex-Tennisspieler Boris Becker begeisterte die Welt jahrzehntelang mit seinen Erfolgen im Spitzensport. Insgesamt gewann er 49 Turniere im Einzel, darunter sechs Grand-Slam-Turniere. Dreimal gewann er das Turnier von Wimbledon, mit 17 Jahren ging er als jüngster Sieger in die Geschichte dieses Turniers ein. Nach seiner aktiven Karriere begann er, als Trainer zu arbeiten. Irgendwann wuchsen ihm seine Geldgeschäfte über den Kopf, im Jahr 2002 wurde er vom Landgericht München I wegen Steuerhinterziehung zu einer Bewährungsstrafe verurteilt. Im Jahr 2022 folgte eine Verurteilung in London: Wegen Insolvenzdelikten wurde Boris Becker zu einer zweieinhalbjährigen Gefängnisstrafe verurteilt. Siebeneinhalb Monate davon verbüßte er in einem britischen Gefängnis. Danach schätzte er seine Lage während seiner Haftzeit so ein: »Im Gefängnis bist du niemand. Du bist nur eine Nummer. Meine war A2923EV«. Ich wurde nicht Boris genannt. Ich war eine Nummer. Und es interessiert sie einen Scheißdreck, wer du bist.« Er hat 231 Tage in Haft verbracht.

KAPITEL 23

SPUREN, DIE IM NICHTS ENDEN …

80 Jahre nach dem Tod nach dem Spuren eines Menschen zu suchen, der von den Nationalsozialisten ermordet wurde, gleicht einem Lotteriespiel. Noch dazu, wenn es von diesem Menschen außer einem Foto der Gestapo überhaupt nichts mehr gibt. Keine Schachtel mit Erinnerungen, keine Brosche, kein vergilbtes Adressbuch, kein Buch mit Widmung eines Freundes. Rosalia Graf scheint zu Beginn meiner Suche ausgelöscht. Alles, was von ihr übrig ist, sind die Aufzeichnungen der Gestapo, das Gerichts-Urteil und ihr Name auf ihrem Grabstein und auf der goldfarbenen Tafel in dem Raum, in dem sie hingerichtet wurde.

Die Arbeit von Journalisten gleicht manchmal jenen von Kriminalkommissaren. Man muss genau hinhören, auch vermeintlichen Kleinigkeiten große Aufmerksamkeit widmen und man darf vor allem eines nicht: Aufgeben. Jede noch so kleine Spur ist ein Puzzlestück im großen Ganzen.

Nun war ich nicht auf der Suche nach Tätern; sie sind mir leider wohlbekannt. Jene, die Rosalia und Johann Graf empathielos den Kopf abschlugen, konnte ich nicht mehr befragen. Ich hätte es gern getan. Mich hätte insbesondere die Lebensphilosophie des Henkers interessiert, der eigens aus Potsdam angereist kam, um die Wiener Widerstandskämpfer ins Jenseits zu befördern. Ich fragte mich, ob es denn in Wien kein »Fachpersonal« gab, das diese Arbeit gegen gute Bezahlung erledigt hätte. Warum ließ man jemanden aus Potsdam anreisen?

Bei meinen Recherchen im Umkreis der Freunde der Grafs fand ich einen Mann, der mein Projekt sehr interessant fand, von seiner Familiengeschichte absolut nichts wusste, mir aber mitteilte: »Geben Sie mir Bescheid, wenn Sie etwas herausgefunden haben!« Ich kontaktierte Menschen online und via Telefon, fast alle wussten nichts über das Schicksal der Grafs.

In Breitenbrunn, dem Geburtsort von Rosalia Graf, traf ich weitgehend auf Schweigen. Während andere Städte und Gemeinden stolz sind auf Menschen, die ihr Leben in den Dienst des politischen Widerstands gestellt und geopfert haben, scheint das in Breitenbrunn nicht der Fall zu sein. Mehrfach habe ich mich an den Bürgermeister der Gemeinde gewandt – außer der automatischen Bestätigung, dass die Mail erhalten wurde, habe ich monatelang keine Antwort bekommen. Dann schrieb mir der Bürgermeister von Breitenbrunn auf eine neuerliche Anfrage: »Ich kenne und kannte die Dame nicht«. Ich war erstaunt, so viel Unhöflichkeit und geschichtliches Desinteresse hätte ich von einem gewählten Volksvertreter nicht erwartet. Eine freundliche Interview-Anfrage ließ der Bürgermeister unbeantwortet.

Besonders skurril finde ich diesbezüglich die Aussagen, die der SPÖ-Politiker in einem Interview mit der »Kronen-Zeitung« vom 27. Oktober 2022 traf. Darin werden unter dem Titel: »Zwei Brüder, die selbe Berufung zum Bürgermeister« Heinrich und Helmut Hareter befragt. Helmut ist seit 2017 Gemeindeoberhaupt von Breitenbrunn, sein Bruder Heinrich seit Sonntag gewählter erster Mann in Weiden am See. Beide sind Sozialdemokraten.

Der jüngere Bruder – Helmut – ist in seiner zweiten Amtsperiode als Bürgermeister. Heinrich hat sich in der Stichwahl durchgesetzt und tritt jetzt zum ersten Mal das Amt an. Auf die

Frage, warum sie sich beide der Politik verschrieben haben, lachen sie. ›Wir sind familiär schwer vorbelastet‹, meint Heinrich. Helmut drückt es so aus: ›Wir sind in einer politischen Familie groß geworden.‹«

Interessant, denke ich mir. War Geschichte jemals ein Thema in dieser »politischen Familie«? Und was genau versteht man in dieser Familie als »Berufung«? Gehört für einen redlichen Politiker da nicht auch die sachliche Beschäftigung mit der Geschichte seines Heimatortes dazu? Und, als unterste Stufe der Höflichkeit, die Beantwortung von E-Mails?

»Sie wollen für die Leute arbeiten und etwas in ihren Gemeinden bewegen«, lese ich in der Kronen-Zeitung. Ein guter Ansatz wäre Geschichtsunterricht, meine ich – für Jung und Alt.

Leider habe ich in Breitenbrunn keine Nachfahren von Rosalia Graf gefunden, die bereit gewesen wären, mit mir zu sprechen. Nur eine Nachbarin erinnerte sich dunkel: »Ja, da war mal etwas, aber das ist so lange her …«

KAPITEL 24

NIE WIEDER. NIE WIEDER?

Diese beiden Wörter haben mich mein Leben lang begleitet. Nie wieder. Nie wieder Krieg. Nie wieder Antisemitismus. Gerade habe ich das »Projekt Rosalia«, die Spurensuche nach meiner Tante Rosalia – und Onkel Johann – beendet. Diese zwei Menschen und ihre unbarmherzige Ermordung sind einer von Millionen Gründen, »Nie wieder!« zu sagen und zu fordern.

Aber wie erfolgreich war und ist diese Forderung?

Wir sehen schreckliche Kriege, die unseren Planeten erschüttern. Die Menschen scheinen nichts aus der Geschichte zu lernen, lernen zu wollen. Hat »Nie wieder« die Menschen, die Kriege, Hass und Streitigkeiten anzetteln und stetig Öl ins Feuer gießen, die Bedeutung nicht erreicht? Ist es ihnen gleichgültig? Sind Ihnen Macht und Geld wichtiger?

Wurde »Nie wieder« in den vergangenen Jahrzehnten zu oft gefordert? Kann man so etwas überhaupt zu oft fordern?

Ich habe es immer als Mahnung verstanden und diese leben, so finde ich, auch von der Wiederholung. Zuletzt hörte ich die Worte von der Holocaust-Überlebenden Margot Friedländer, die im Rahmen des Deutschen Filmpreises in Berlin im Mai 2024 sagte: »Als ich vor 14 Jahren zurückgekommen bin, hätte ich es mir nicht träumen lassen, was jetzt in der Öffentlichkeit los ist. So hat es damals auch angefangen.« Damals, bevor ein

Irrer den Zweiten Weltkrieg anzettelte und Juden wie Margot Friedländer flüchten mussten oder ermordet wurden. Die Filmschaffenden mahnte die 102-Jährige: »In diesem Raum sitzen ganz viele Geschichtenerzähler. Ihr habt die Verantwortung, die Kraft des Films zu nutzen, damit so etwas nie wieder passiert.«

So etwas. Nie wieder.

Margot Friedländers Leben war eine Karussellfahrt zwischen Angst, Lebensgefahr und Rettung. Sie wurde 1921 in Berlin geboren, nach der Scheidung der Eltern versuchte die Mutter mehrfach, mit ihr und ihrem Bruder Ralph auszuwandern. Erfolglos, Anträge wurden immer wieder abgelehnt. Im Jahr 1938 verweigerten die USA die Immigration, auch Länder wie Brasilien oder China gewährten der jüdischen Familie keinen sicheren Ort. Als Ralph von der Gestapo verhaftet wurde, schloss sich die Mutter ihm an, die beiden wurden im KZ Auschwitz ermordet.

Margot rettete sich fortan in Berlin von Versteck zu Versteck, bis sie schließlich aufgespürt wurde und ins Konzentrationslager Theresienstadt kam. Dort traf sie einen Bekannten aus Berlin, Adolf Friedländer, wieder. Die beiden überlebten das KZ, heirateten und wanderten nach New York aus.

Nach dem Tod ihres Mannes im Jahr 1997 kam Margot Friedländer auf Einladung des Berliner Senats für »verfolgte und emigrierte Bürger« in ihre Heimatstadt zurück. Der Senat hatte diese Initiative geschaffen, um vertriebenen Menschen die Hand zur Versöhnung zu reichen. Seit 2010 lebt Margot Friedländer wieder in Berlin und ist als liebenswerte, verzeihende Zeitzeugin bekannt geworden.

Während meiner Recherchen für dieses Buch habe ich mich gelegentlich gefragt: »Wie hätte Tante Rosalia das gefunden?« Mal waren es kleine Dinge, ein Buch vielleicht, dann die aktuelle politische Lage. Ich habe versucht, mir ihr Leben vorzustellen, das von Mut geprägt war. Von Breitenbrunn nach Wien zu fahren, dauert nur eine Stunde. Für eine Frau vor hundert Jahren war es dennoch ein so viel mutigerer Schritt als für eine Frau im 21. Jahrhundert.

Sie suchte und fand wohl ihr Glück in Wien, zumindest anfangs. Später jedoch sollte sich die Stadt als schlimmer Albtraum herausstellen. Sie saß fest in ihrer Gefängniszelle, ohne jede Chance, das zu ändern.

Als ich vor dem imposanten Wohnhaus stand, in dem sie und ihr Mann wohnten, habe ich mich für sie gefreut. Sie müssen wohl eine Menge Glück gehabt haben, dass sie diese Wohnung gefunden hatten. Sie haben brav und fleißig gearbeitet und sind in die politischen Strudel des 20. Jahrhunderts geraten. Wie anders wäre ihr Leben, wie das vieler Menschen, ohne Zweiten Weltkrieg, verlaufen!

Viele Menschen sind Mitläufer geworden, haben den Nationalsozialisten und Adolf Hitler zugejubelt, wohl auch, weil es am einfachsten war. Es ist einfach, vom Sofa aus die Taten der Geschichte zu beurteilen und sicher zu sein, dass man selbst auf die Barrikaden gegangen wäre.

Sicher? Was macht die einen Menschen zu Angsthasen, andere zu mutigen Widerstandskämpfern?

Ich bin stolz, dass Rosalia und Johann Graf zu meiner Familie gehören. Mit diesem Buch und dem dazugehörigen Film möchte ich ihnen ein ehrendes Andenken schaffen. Je länger ich mich mit den beiden beschäftigt habe, desto klarer wurde mir: Ich hätte das wahrscheinlich nicht geschafft. Ich bin sicher, dass ich gegen Hitler und sein Regime gewesen wäre. Aber ich bin nicht sicher, ob ich im Widerstand tätig geworden wäre. Denn eines wussten die Grafs sicher: Wenn man sie ertappen würde, wäre das ihr Todesurteil.

Sie haben trotzdem weitergemacht. Das unterscheidet Kämpfer von den Angsthasen.

Wien/ Berlin, im Mai 2024

DANKESCHÖN.

Viele Menschen haben mich ermuntert und dabei unterstützt, das »Projekt Rosalia«, die Suche nach Lebensspuren von Rosalia Graf und ihrem Ehemann Johann durchzuführen. Der Zukunftsfonds der Republik Österreich hat das Multimedia-Projekt »Ich hab‹ dich niemals lächeln sehen …«, das aus diesem Buch, einem Kurzfilm und einer Website besteht, finanziell unterstützt.

*Zukunfts*Fonds
der Republik Österreich

Meine Unterstützer und Ideengeber in alphabetischer Reihenfolge: Rachel Miriam Alario, DÖW (Dokumentationsarchiv des österreichischen Widerstandes), Mag. Friedrich Forsthuber, Dr. Teresa Indjein, Maria Lucas, Mag. Petra Stuiber, Käthe Sasso, Stefan Zischka.

Ich bedanke mich bei Jean-Luc Julien für die Mitarbeit am Film »Ich hab‹ dich niemals lächeln sehen …« (Schnitt und Produktion).

Meixner Media Wien/Berlin